U0613287

农产品价格指数理论和实践

农业农村部信息中心　编著

中国农业出版社
北　京

《农产品价格指数理论和实践》
编著委员会

主　　任：王小兵

副 主 任：蔡　萍　李韶民　曹庆波

主　　编：孟　丽　李淞淋

副 主 编：殷瑞锋　王芸娟　马光霞

编写人员（按姓氏笔画排序）：

马光霞　王屿佳　王芸娟　王澍雨

吉喆韵　李淞淋　张保贺　武　捷

周宇涵　郑　豪　孟　丽　孟辛蕊

徐　磊　殷瑞锋　曹占忠　崔丽娟

目　　录

第一篇　理论方法

第二篇　国际农产品价格指数案例

第三篇　国内农产品价格指数实践

第一篇

理论方法

第一章　农产品价格指数的意义和作用

第一节　农产品价格指数的背景与意义

我国地理、气候、生态资源多样，各地涌现出一批具有独特品种、特殊品质、特定区域的农产品，在市场上享有较高的知名度，为农业产业和农村经济发展、农民增收做出重要贡献。但需要关注的是，目前农产品普遍存在品牌小而杂、市场定位不清晰、产业链不完整等情况，导致价格形成机制不完善问题突出、优质优价无法得到保障、产业优化升级遇到瓶颈。为此，收集和整合市场信息、编制系列农产品价格指数、加强分析预警服务、完善农产品价格形成机制，对引导农产品市场健康可持续发展，助力产业兴旺和农民增收，具有十分重要的意义。

一、发展农产品价格指数的背景

2020 年我国全面建成小康社会，实现第一个百年奋斗目标，开启了全面推进乡村振兴、加快农业农村现代化的新征程。习近平总书记多次强调指出，发展现代农业，关键是要构建三个体系（即产业体系、生产体系、经营体系），要着力调整优化农业产业结构，要着力用现代科学技术提升农业，要着力提高农业生产经营集约化、专业化、组织化、社会化程度，重点培养一批质量上乘、科技含量高、市场容量大的特色农产品品牌，推进农业由增产导向转向提质导向。因此，乡村振兴要靠产业，产业要有特色；产业兴旺是乡村振兴的重要基础，是解决农村一切问题的前提。

21 世纪以来，各地抓住农业结构调整的机遇，立足当地特色和资源优势，大力发展特色农业产业，取得了一定成效，但也存在产业门类不全、产业链较短、要素活力不足和质量效益不高、绿色生态产品供应不足、数字经济拉动作用不突出等问题。2019 年《国务院关于促进乡村产业振兴的指导意见》（国发〔2019〕12 号）指出，充分发挥市场在资源配置中的决定性作用，激活要素、市场和各类经营主体；因地制宜发展小宗类、多样性特色种养，建设特色农产品优势区；深入推进"互联网＋"现代农业，加快重要农产品全产业链大数据建设，加强国家数字农业农村系统建设。2021 年《中华人民共和国国民经济和社会发展第十四个五年规划和2035 年远景目标纲要》明确提出，要加快数字化发展，推动数字经济与实体经济深度融合。2021 年，中央网信办、农业农村部、国家发展改革委等 7 部门联合印发的《数字乡村建设指南 1.0》指出，采用物联网、大数据、区块链等现代信息技术，围绕乡村特色产业全产业链，采集生产基地、加工流通、品牌打造等方面的基础数据，研究建立特色产业全产业链指标体系，建立乡村特色产业可信指数。实现乡村特色产业指标评价和指数化表达，动态反映特色产业发展情况，实现特色产业画像及全国乡村特色产业"一张图"呈现，为乡村特色产业发展提供数据支撑与决策支持服务。

农产品价格是市场供需双方博弈的结果，是市场调整资源配置的最重要工具，集中反映农产品产业链的生产、加工、销售、流通各个环节的增值部分。农产品价格指数作为反映产业发展现状的晴雨表、市场风险的避雷针、未来发展的风向标的重要数字化工具，可以实现以数据决策和管理服务产业发展的作用，进一步完善农产品价格形成机制，引领农业产业高质量发展，逐渐成为农业农村经济发展的新生产要素和新动能。

二、打造农产品价格指数的意义

编制和发布农产品价格指数，有利于推动农业实体经济与数字经济深度融合，充分挖掘农业产业的数字经济价值。通过编制农产品价格指数，将复杂的农产品产业链信息数字化表达，打造行业发展的方向标，引导产业根据消费者的需求去生产，加速农业供给侧结构性改革和高质量发展。打造农产品价格指数，有利于完善农产品价格形成机制，推动特色农产品优势区建设，助力产业兴旺和农民增收。

1. 编制农产品价格指数是实施国家大数据战略的必然要求

《中华人民共和国国民经济和社会发展第十四个五年规划和2035年远景目标纲要》明确提出，要加快数字化发展，推动数字经济与实体经济深度融合，建设网络强国、数字中国、数字社会、数字政府，特别强调要加强宏观经济治理数据库建设，提升大数据等现代技术手段辅助治理能力。这些都为我们推进数字农业农村发展描绘了蓝图、指明了方向。数据已经成为重要的生产要素，是社会财富和国家间竞争的战略资源；数据资源掌握的多寡，也标志着国家的强弱，世界的权利也正在因数字图谱而被重新绘制。农产品价格指数正是在数字经济发展、数据资源积累的基础上，综合挖掘数据价值，成为服务数据决策和管理的重要媒介。农业产业与价格指数的结合，是农业实体经济与数字经济的深度融合，既有助于发挥价格指数的传播特性和工具属性，又有助于借助价格信息促进乡村产业可持续发展，还可以深度挖掘农产品的数字经济价值。

2. 编制农产品价格指数是深化农业市场经济的迫切需要

党的十八届三中全会明确提出，要使市场在资源配置中起决定性作用。党的十九大进一步指出，加快完善社会主义市场经济体制。《国务院关于促进乡村产业振兴的指导意见》（国发〔2019〕12号）提出，充分发挥市场在资源配置中的决定性作用，激活要素、市场和各类经营主体。通过编制农产品价格指数，将复杂的农产品产业链信息数字化表达，可精准刻画市场的变化趋势，打造行业发展的方向标，引导产业根据消费者的需求去生产，进而能在市场上卖出较高的价格，加速农业供给侧结构性改革和高质量发展。同时，农产品价格指数可以衡量行业和产业发展的景气程度，成为"行业的晴雨表""发展的风向标"，还可以为农产品交易、保险、期货提供价格参考，成为"风险的避雷针"，对农业产业发展、提升品牌影响力具有重要的意义。

3. 编制农产品价格指数有利于推动特色农产品优势区建设

我国围绕农产品发展提出了三区建设，即粮食生产功能区、重要农产品主产区、特色农产品优势区。搞特色农业，怎么体现特色？要加强宣传。特色农产品往往品牌小而杂、市场定位不清晰、产业链不完整，造成价格形成机制不完善问题突出、优质优价无法得到保障、产业优化升级遇到瓶颈，亟须加强分析预警服务，构建特色农产品价格指数体系，完善特色农产品价格形成机制，引导特色农产品市场的健康可持续发展，助力产业兴旺和农民增收。由政府组织或权威公证第三方编制和发布的有质量标准的农产品价格指数，可以作为农产品市场定价的参考依据，引导优质优价，促进社会资源向优势区聚集、向优质农产品靠拢；将价格指数通过权威媒体发布、互联网媒体推广，可以提升农产品的知名度和信誉度，还可以使价格指数的权威性与农产品品牌影响力相互融合、相互促进，从而推动农产品市场化、标准化、品牌化建设，推进特色农业高质量发展，为我国农业供给侧结构性改革和农业现代化建设提供新动能。

第二节　农产品价格指数的作用

通过多年的发展和建设，我国已经形成了一些优势农产品生产聚集区，部分农产品在国内外市场上已有一定影响力，但整体规模不大、发展水平不高、信息采集渠道不完善、数字经济尚未发挥明显作用，亟须以价格指数为突破口，引导产业优化升级，挖掘数字经济价值。

一、农业产业发展基本情况

得益于独特地理环境和气候，我国农产品品种丰富且多样，农业产业总体发展形势向好。具体表现在以下几个方面：

1. 产业生产集中度和市场占有率较高

如新疆、云南、河北、山东四大葡萄生产区葡萄产量占全国总产量的比重高达 45%；甘肃当归产量占全国的 90%，大黄和党参产量占全国的 60%；广西柑橘产量占全国的 29%；陕西猕猴桃产量占全国的 62%；江苏河蟹年产值占全国的 60% 以上；浙江铁皮石斛产值占全国的 80% 以上。

2. 产业优势带推动农村地区经济发展

随着区域优势农产品产业的快速发展，我国农产品优势产业带已初步形成，对区域经济发展具有很好的辐射带动作用，显著促进农民增收、带动农村地区发展。2018 年，我国特色农产品所涉及的区域覆盖国家扶贫重点县、集中连片特困区贫困县的 94%，其中，甘肃省依靠牛羊菜果薯药等特色产业脱贫的农户达 15.54 万户、脱贫人口达 64.89 万，占到全省总脱贫人口的 80%。

3. 农产品区域品牌建设和产业结构优化显著

我国农业由单一以种植业为主的传统农业逐渐向农林牧渔业全面发展的现代农业转变。2021 年我国农业产值占农林牧渔总产值的 53.3%，相比 2001 年下降 2 个百分点。经济作物也进一步向优势产区集中，优势农产品区域集中度稳步提高。各地还依托特色产业和资源优势，积极打造农产品区域公用品牌，截至 2021 年底，全国省级农业农村部门重点培育的农产品区域公用品牌约 3 000 个、企业品牌约 5 100 个、产品品牌约 6 500 个。

4. 农产品电子商务带来数字经济发展苗头

随着基础网络设施在我国农村的普及以及农村电子商务系列政策的落地，我国农产品电子商务快速发展。据农业农村部有关统计数据，2020 年全国农产品网络零售额达到 5 750 亿元，同比增长 37.9%，832 个国家级贫困县农产品网络零售额达到 3 014 亿元，同比增长 26%。农产品电子商务的发展，不仅提升了产品知名度，而且扩宽了销售渠道。

二、农业产业高质量发展面临的瓶颈

尽管我国农业优势产业已经取得了长足发展，农产品的市场化、规模化、品牌化水平也取得了大幅提高，但是生产标准化程度低、产业链较短、品牌小而杂、价格形成机制不完善、产业数字化程度低的问题仍比较突出，亟须以价格指数作为突破口，破解问题根源，推进农业产业进一步优化升级。

1. 农产品生产标准化程度低

当前各地优势农产品种类繁多，但受行业标准、产品标准的申请和保护意识不强，种质资源的稳定性较弱等因素影响，农产品生产标准化程度较低，如全国各地特色大米的种类就高达 43 种，不利于统一规范共性标的，对发现价格形成机制、编制带有质量标的农产品价格指数造成较大困难，也不利于带动优势农业产业高质量发展。

2. 农产品加工产业链短

目前，农产品尤其是水果蔬菜等多以鲜果鲜菜形式销售，初加工产品品牌影响力弱、深加工产能明显不足的问题突出，不利于确定农产品产业链上标准化高、影响力强、发展潜力大的关键环节，对编制权威价格指数造成较大困难，也不利于引导产业链升级。

3. 农业品牌小而杂的问题比较突出

近年来，农业品牌建设取得明显进展，但多以区域品牌建设为主，企业品牌小而杂的问题仍比较突出，全国或世界知名的、对行业发展有显著影响力的农产品企业品牌不多，不利于为编制价格指数提供数据源，也不利于引导整个行业向"优质特色"的标准看齐。

4. 价格形成机制不完善

农产品价格有田头价、批发价、电商销售价等多种类型。田头价形成机制稳定、持续性强，但散货多、大路货多，价格采集缺少标准；批发价随市场供需形势波动、持续性强，但尚未完全普及价格采集标准；电商销售产品标准相对规范，但价格波动性强、持续性差，在作为价格指数编制对象时，都存在一定困难和问题。

5. 产业数字化程度低

大多数农产品产业链信息化基础薄弱、数据采集技术较低、数字化意识薄弱、信息分析预警人才缺乏，给价格指数编制和后期使用带来挑战，同时也不利于推进产业数字化和数字产业化，不利于数字经济的发展，不利于挖掘农产品的价值、引导市场可持续发展。

三、价格指数是打破农业产业发展瓶颈的突破口

产业发展瓶颈给农产品价格指数编制发布工作带来挑战，但同时也需要看到，价格指数可以作为打破瓶颈的突破口，有效带动产业向现代化、特色化、标准化、生态化发展。

1. 有助于推进农产品标准化生产

价格指数选择主流质量标的为重点采价对象，通过权威机构编制发布，有利于引入保险、期货等风险对冲工具，防范市场价格的大幅波动，从而引导完善价格形成机制，有助于推进农产品标准化生产。

2. 有助于延长农产品加工产业链

价格指数以产业链的重要环节为重点采价环节，并向上下游信息延展，通过上下游信息进行佐证，有助于打通整个产业链的信息流动，引导产业向高价格、高价值的加工环节延伸。

3. 有助于加强农产品品牌宣传

参与编制价格指数的地区和企业，作为被采价方，具有较强的信息共享和互换能力，同时，权威机构发布的价格指数也是对被采价单位进行的产品宣传。

4. 有助于推动农业产业数字经济发展

价格指数来源于产业数字化，也是数字产业化的成果之一，有效建立起数据采集、数据分析、成果转化之间的利益共享机制，有利于进一步推动农业产业数字经济发展。

第二章 编制农产品价格指数的总体思路

第一节 总体架构

一、指导思想

全面贯彻党的十九届历次全会精神，深入贯彻习近平总书记系列重要讲话精神和治国理政新理念新思想新战略，贯彻落实乡村振兴战略、数字乡村战略、国家大数据战略等，统筹推进"五位一体"总体布局和协调推进"四个全面"战略布局，牢固树立创新、协调、绿色、开放、共享的发展理念，认真落实党中央、国务院决策部署，坚持市场导向和绿色发展，以区域资源禀赋、产业比较优势、市场竞争优势为基础，以农民增收为目的，加强农产品流通渠道和产业链的组织化水平，强化信息采集链条及采集系统的完备水平，提升区域农业产业发展的市场化水平，打造一批特色鲜明、优势聚集、产业融合、市场竞争力强、未来应用领域广的农产品价格指数，引导和促进优势特色农业产业做大做强，建立农民能够合理分享二、三产业收益的长效机制，提高农产品的供给质量和市场竞争力，推动农业供给侧结构性改革，辐射带动农民持续增收。

二、基本原则

1. 逐步推进、逐步组网原则

农产品价格指数编制是一项系统工程，难以一蹴而就，因此应采用在部分地区、部分农产品试点，然后由点及面逐步推进，构建以农产品价格体系为核心的数据库，最终形成农产品综合信息系统。

2. 兼顾区域和品种分布原则

鉴于我国幅员辽阔、地理条件复杂，农产品空间分布并不均匀，因此，在农产品价格指数编制过程中，需要考虑平衡编制区域和编制品种，从而让更多地区有可参与性。可统一确立农产品指数编制清单，根据各地的发展需求和意愿，逐步推进。

3. 兼顾主客观条件原则

客观性是指农产品的选择必须具有代表性，包括：农产品的规模性，即能在国内同类市场中占较大份额，区域分布较广；农产品品种数量的完备性，纳入指数计算的农产品数量要能够涵盖该类别产品的常见品种；开展编制指数的地区，其农业发展水平较高、信息化基础较好，能满足农产品指数数据采集和指数编制发布的基础条件。主观性是编制地区具有推动农产品价格指数建设的自主意愿。兼顾主客观条件能够提升工作效率，利于保证指数编制质量。

4. 编制方法公开透明原则

指数编制的总体框架应该向有关各方公开，并且样本农产品的选择方法和指数的计算方法都能便于使用者掌握，以便对市场做出较为准确的预测，同时实现延展性与现实性的结合。编制出的农产品指数既能反映当前农产品生产交易的实际情况，又能够为农产品指数扩容打下基础，以满足我国农业产业快速发展的需要。

三、总体架构

我国农产品品种类型多、产业规模差异大、发展水平不一。为此，编制农产品价格指数必须因地制宜、因品施策、因需启动，突出特色、突出优势，实行分级建设、分级管理。综合考虑我国农产品特征、产业现状、数据资源以及管理效率等因素，按照总指数、区域指数、省级指数、市县指数四级构建农产品价格指数体系，分别建设、管理、运维和应用。实际工作中，也可以选择同步推进。

1. 总指数

全国各类农产品价格指数，选择特色明显，对全国影响力大、辐射带动能力强、具有市场竞争力、产业优势明显的农产品品种建立指数，以反映产业发展的状况。

2. 区域指数

以区域集中、经济发展、产业特色等指标，聚合省级指数，通过赋予省级指数以特定权重，综合计算区域级指数，主要用来反映农产品生产优势集中区域的市场价格走势情况。

3. 省级指数

各省（区、市）结合自身实际，选择在省（区、市）内影响力大、区域竞争力强、在全国具有一定知名度、现代化市场水平高、信息基础较好的农产品品种，编制省级农产品价格指数。各省编制省级农产品价格指数体系建设规划和实施方案，明确品种范围、建设条件和认定标准，制定相应的管理办法。

4. 市县级指数

各市县结合自身实际，选择在市县内影响力大、竞争力强、具有一定知名度、市场化水平高、信息基础较好的农产品品种，编制市县级农产品价格指数。

四、建设目标

1. 近期目标

第一，做好农产品价格指数体系的顶层设计。完成农产品价格指数体系建设方案、工作方案，调研农产品的分类、空间分布、产销量份额等信息，筛选出影响力大、竞争力强、经济价值大的农产品纳入价格指数编制发布体系。第二，确定农产品价格信息采集标准，稳定信息采集渠道。根据农产品特征，制定价格指数信息采集的行业标准，具体包括采价标的、采价范围、采价时间、采价频率等；同时，充分利用信息化手段，采集客观真实的、能够反映市场供需形势的稳定数据源。第三，启动并推进完成农产品价格指数编制发布的试点工作。对已发布的农产品价格指数进行评估总结，同时与地方联合研制发布一批新的农产品价格指数。

2. 中长期规划

为推动我国优势特色农业产业健康可持续发展，带动地方经济发展，增加农民收入，可以在农产品价格指数编制的基础上，在条件成熟情况下尝试更广泛的指数构建，以长效发挥监测预警、促进经济发展的作用。比如，农产品景气指数、农产品发展指数、农产品竞争力指数、农产品增收指数、农产品出口指数、农产品标准化指数等，使单纯的农产品价格指数体系发展为集成指数计算、产业发展咨询、市场监测预警为一体的农产品指数系统。

第二节　主要建设内容

农产品价格指数主要建设内容包括必备数据基础、明晰编制对象、确定编制内容、明确工作流程、完善管理运行机制等内容。

一、必备数据基础

农产品价格指数应能够反映该类农产品在时间和空间的变化情况，在产业链上下游的相关趋势，为我国农业产业发展提供充分的策略指导。因此，编制农产品价格指数必须以具备数据基础为前提。

1. 标准化的农产品目录库

标准化的农产品目录库是农产品价格信息采集行业标准的基础内容，是编制农产品价格指数的基础框架。我国幅员辽阔，地貌和气候类型多样，农业资源丰富，仅《特色农产品区域布局规划（2013—2020）》就将蔬菜、果品、粮油等 10 类共 144 种农产品纳入重点发展特色农产品范围。2018 年，农业农村部组织 31 个省（区、市）以及新疆生产建设兵团农业部门将 500 个特色农产品编入《中国特色农产品精粹》。对全国特色和优势农产品做统一的类别体系划分、建立标准化的农产品目录库是农产品价格指数编制的基础框架和基本前提。按照品种维度，农产品价格指数体系可分为粮油类价格指数体系、蔬菜类价格指数体系、水果类价格指数体系等。标准化的农产品目录库应充分考虑农产品的生物学特性和地域特性，注明产品品名、产品计量单位、所属类别、所属产地、所属品牌等基本信息。

2. 充分的农产品数据资源

充分的农产品数据资源是农产品价格指数编制的基础要素。首先，明确数据采集对象。按农产品的流通环节，农产品价格指数体系可以划分为农产品收购价格指数体系、农产品批发价格指数体系、农产品零售价格指数体系、农产品消费市场价格指数体系、农产品出口交易价格指数体系等。在梳理每一类农产品流通渠道和产业链的基础上，根据数据的可获得性和代表性等原则，确定主要采集数据的环节，明确该环节数据采集的对象。其次，明确数据采集项目。编制农产品价格指数不仅需要收集品名、品类、生产地、种植面积、种植数量等生产信息，还需要流通环节的农产品交易价格、交易量、交易额、质量等级、销售地、品牌等基础数据资料。

3. 完备的信息采集链条和信息采集系统

完备的信息采集链条和信息采集系统是农产品价格指数编制的硬件支撑。一方面，由于我国农产品种类较多，分布地域较广，因而在信息采集前应依据农产品的目录库、流通渠道、产业链模式等梳理农产品的信息采集链条，规范信息采集路径。另一方面，农产品信息采集需要完备的信息采集系统作为硬件支撑，因而各地政府应联合相关技术单位建立信息采集系统，以实现信息互通和高效传递。

二、明晰编制对象

编制价格指数的农产品，一般需满足下列条件：一是产品购销量要大，产业发展程度和市场化水平较高；二是价格变动的趋势和程度要在同类商品中具有代表性；三是生产与供应正常，即产品供应要具有较强的稳定性；四是要保持相对的稳定性，随着生产的发展和市场供求关系的变化进行适当调整。

三、确定编制内容

农产品价格指数，是以相对数（动态比率）或绝对数形式综合测量各类农产品价格变化程度的一种统计指标。根据研究维度不同，可以构建不同的价格指数体系。目前常用的研究维度有产品维度、产业链维度、区域维度三类。

1. 以产品分类构建农产品价格指数体系

根据产品维度，可以将农产品价格指数体系划分为大类指数、中类指数和小类指数三个层级。具体为：①大类指数。具体包含粮油价格指数、瓜果价格指数、蔬菜价格指数、其他种植业产品价格指数、禽类产品价格指数、畜牧产品价格指数、水产品价格指数、其他养殖业产品价格指数，共8类。②中类指数。每一大类农产品指数可选取主要品种形成中类指数。如粮油价格指数可分为谷类产品价格指数、杂粮产品价格指数、豆类产品价格指数、薯类产品价格指数、油料产品价格指数；瓜果价格指数可分为香蕉价格指数、苹果价格指数、柑橘价格指数、梨价格指数、葡萄价格指数、西瓜价格指数、甜瓜价格指数、草莓价格指数，以此类推。③小类指数。在每个中类指数下面，选取各地区的优势农产品作为小类指数。如北京平谷大桃、大兴西瓜，河北围场马铃薯、承德国光苹果，内蒙古乌兰察布马铃薯、燕麦，辽宁鞍山南果梨，贵州余庆小叶苦丁茶，湖南安化黑茶，广西沃柑，山西运城苹果等。

2. 以流通环节构建农产品价格指数体系

根据农产品的流通环节，可以分为生产价格指数、批发价格指数和零售价格指数，以构建每个环节的价格指数为基础，再整合为整个产业的价格指数体系。①生产价格指数。该指数反映一定时期内农产品生产者出售农产品价格水平变动趋势及幅度。生产价格指数可通过对个体指数进行几何平均、加权平均、算数平均求得。价格采集对象为农产品的生产者或批量收购农产品的市场主体。②批发价格指数。该指数反映农产品批发价格总体变动水平、变动幅度和规律趋势，对于指导农产品生产、引导居民消费、促进农产品流通具有重要作用。价格采集对象为农产品批发市场等。③零售价格指数。该指数反映农产品从市场流向消费者的实际交易价格变动趋势和幅度。价格采集对象为销售农产品的超市、集贸市场等零售交易单位。

3. 以区域分类构建农产品价格指数体系

因农产品区域性显著，通过编制区域价格指数，可直观反映农产品在不同区域间的价格差异，可为政府调整产业发展和定价策略提供数据参考，同时起到引领价格预期、增加特色农产品知名度、提升区域农产品的话语权的作用。除此之外，从统计学角度，可按时间编制日价格指数、周价格指数、月价格指数、季度价格指数等；可按基期编制定基价格指数、环比价格指数、同比价格指数等。

四、明确工作流程

1. 调查了解农业产业情况

农产品价格指数编制的首要工作是通过资料查阅、走访、考察、座谈等方式，深入了解、熟悉农产品的生产、流通、消费、内外贸情况，特别是有关历史背景与沿革、现状、发展趋势、特点等，以及宏观政策制度安排和农户、市场经营户的生产经营状况。全面掌握农产品分布及市场状况，规范农产品名称和等级划分标准，了解农产品生产流通环节具体过程，建立各流通环节基本单位名录库。

2. 构建农产品分类体系

科学合理的农产品分类体系为价格指数计算和监测预警提供科学基础和前提条件。根据农产品的具体属性和监管需求，如品种、区域、品牌等交叉分类，结合产业发展、学术研究、行业推广等多方面需求，商讨确定农产品分类体系的构建标准，形成多级分类体系。

3. 代表规格品选择

利用普查数据，以完善的产品分类体系和基本单位名录库为依据，构建规格品数据库与填报单位数据库，编制主体及时更新数据库信息。

代表规格品选择原则有：①销售数量较大，供应相对稳定、价格易于采集；②价格变动趋势和变动程度有较强的代表性，也就是说，选中规格品的价格变动特征与未选中规格品之间的价格变动相关性越高越好。③选中的商品必须是经相关部门验收的合格产品。

填报单位选择原则有：①经营规模较大、区域合理分布、内部管理健全、具有一定规模或代表性的综合市场或经营企业；②每个市场可选择部分诚信度高、有一定经营规模的固定经营户，与综合市场签订长期合同，作为农产品市场监测经营户；③经营企业可直接填报本企业农产品的销售情况。

4. 准备基础数据

价格指数如采用相对指数，那么首先需要确定基期。基期价格是计算价格指数的依据。根据项目需求，可选择项目实施首日平均价格、全年平均价格、春季平均价格、秋季平均价格等作为基期价格。价格指数如采用绝对指数，那么不需要确定基期。

权重是影响价格指数准确性的重要因素。权重的形式有两种：一种是绝对数，如种植面积（或销售额）；另一种是比例，如种植面积比重（或销售额比重）。

基期价格和权重的确定，需要综合产业发展、学术研究、行业推广的实际情况，以便能客观反映产业发展趋势，符合科学严谨的学术要求，并有利于指导行业发展。

5. 报告期数据采集

根据市场环境与当地政府发展需求，确定指数编制的基本需求与测量目标。在此基础上，结合市场的实际情况，确定统计范围和时间跨度，明确指数发布周期和数据采集周期。结合上一阶段确定的代表品与填报单位，可通过直接调查与电子交易记录数据的渠道，进行数据（主要包括发生交易的农产品价格、销售额等）采集（填报）工作。

6. 数据管理

数据管理主要包括数据审核、录入、储存等工作，编制单位制定数据审核标准，对收集的数据进行严格的数据质量控制，具体方式有人工审核和系统自动识别审核。数据审核完毕后，录入数据系统，包括分商品类别、分商品环节的价格、基期数据库（价格指数计算时的参照系）和权重。

7. 价格指数计算

设计基础数据采集系统和指数计算系统（包括计算模型、计算方法和计算步骤），抽取部分代表品进行调查，计算报价指标（分商品类别与环节）、价格综合指数与有关分析指标（分商品类别与环节），最终将该阶段生成的计算结果数据与重要的中间数据存入数据仓库，包括报价指标库、价格指数库、价格分析库。

8. 发布和解读指数

发布内容和形式。内容包括报价系统内容清单、价格指数内容清单；形式有图与表、静态与动态、直接式（平铺）与查询式。以指数发布网站平台为主，结合其他平台共同发布指数及相关信息。

价格指数通常从两个角度进行解读。一是数据分析，包括涨跌结构，各类别价格指数涨跌对总指数的结构影响程度等。二是因素分析，根据指数的变化情况进一步挖掘影响农产品价格的基础性因素（供求因素，人工、农资、技术、流通等成本因素，结构性因素）、周期性因素（生产、季节、节日、经济波动周期等）、政策性因素、非经济因素（资金炒作、突发事件等）。

五、建立完善的管理和运行机制

1. 统一的价格信息采集标准

及时、准确、科学、客观的数据是编制农产品价格指数的基础。为此，需要结合农产品的产品特性、生长周期、上市周期等属性，分类制定科学权威的农产品价格信息采集标准，做到多级多部门价格采集体系的有效协调统一。

2. 价格指数运行管理平台

为做好农产品价格指数相关数据采集、管理、计算、发布等工作，需要建立一个专门的指数管理应用平台，包括以下三部分内容：①数据采集，主要实现网上数据直报平台、数据录入、数据校验、多源数据归集等；②指数计算，主要实现总指数与分类指数计算、预测预警与监管、指数分析等；③指数发布，主要包括农产品价格指数信息门户、指数按类别查询、数据表与图形输出等。

3. 指数管理和运行模式

农产品价格指数的编制、管理和维护运营需要具备专业技术的人才队伍。如农产品信息的采集、处理及发布等系统的建设和维护，不仅需要农业相关的专业人才，还需要具有先进信息技术的人才队伍，而农产品价格指数的管理和运营则需要专业的管理人才。因此，农产品价格指数管理模式可分为两类：一类是以龙头企业或企业协会为主导，成立指数编制办公室，由公司或协会主导开展相关工作；另一类是以政府单位为主导，由农业农村部门、发展与改革部门、统计部门等牵头成立指数编制工作领导小组，具体开展指数编制发布工作。农产品价格指数体系可采用商业化运行模式、非商业化运行模式、半商业化运行模式三种运行模型，编制发布主体可以根据不同的情况选择不同的运行模式。

六、问题和挑战

当前，全国特色农产品优势区建设和产业发展为农产品价格指数体系建设提供了扎实的产业基础和良好的时代机遇，但也面临不少困难和挑战。

1. 思想认知不统一是根源性阻碍

目前，行业普遍对农产品价格指数体系建设的意义和作用、建设内容等的认知不深刻、不统一，对此工作不积极、不主动，这对农产品价格指数体系建设形成了根源性的阻碍。

2. 数据采集标准不科学影响数据基础

目前，因缺乏经细致梳理、科学制定的分类采集的农产品价格信息采集行业标准，各地区采集的产品规格、价格指标、采集频率等存在较大出入，影响农产品价格指数编制。

3. 数据采集机制薄弱影响可持续性

当前，农产品价格信息采集多采用数据上报形式，且由于特色农产品多集中在地形特征复杂的区域，信息化基础和技术相对薄弱，信息采集人才队伍缺乏，影响数据采集的稳定持续性。

4. 保障薄弱影响指数发布连续性

目前，一些农产品优势产销区主管部门已开始尝试编制和发布农产品价格指数，但多是从品牌宣传推介、地区形象打造等角度入手，对产业未来发展的思考相对较少，加之人力、财力以及平台影响力有限，持续的、权威的农产品价格指数体系尚未完全建成。

第三章 农产品价格指数编制方法

本章主要包括三部分内容：一是研究农产品价格指数具体编制方法及其性质的统计理论；二是分析农产品价格指数在经济学中的内涵与经济解释的经济理论；三是探讨实践应用中农产品价格指数的编制流程与方法的应用理论。近年来，农产品价格指数研究思路和方法不断更新完善，本章选择常用且易操作的理论方法进行农产品价格指数编制及分析。

第一节 农产品价格指数编制公式

农产品价格指数编制研究主要遵循指数权重的选择及指数形式的确定这两大问题展开，力求找到合适的指数权重及形式、接近实际、能反映总体客观现实的代表品样本指数表达式。概括来讲，农产品价格指数公式的形式包括简单平均价格指数公式、加权价格指数公式以及交叉价格指数公式三代，其中交叉价格指数主要基于价格指数偏误理论及价格指数检验理论，是第二代加权价格指数的衍生物。

一、第一代：简单平均价格指数公式

简单平均价格指数通常被称作未加权指数，主要依据分析统计方法中的各类平均数计算方法，直接计算农产品的单位价格，而不涉及农产品的数量资料。按其发展过程，主要有简单总合法、简单算术平均法、简单调和平均法、简单几何平均法、简单中数法和简单众数法。基于简单平均价格指数法计算得到的农产品价格指数在形式上最简单，但由于未考虑产品权重，经济内涵不足。

为表述方便，本书公式中 IP 表示农产品价格指数，p_{0i} 表示农产品基期价格，p_{1i} 表示农产品报告期价格，n 为产品个数。

1. 简单总合法

简单总合法又称简单综合法或总价法，即把报告期和基期各种产品价格分别加总后对比，以反映农产品价格总的相对变动情况。其计算公式：

$$IP = \frac{\sum_{i=1}^{n} p_{1i}}{\sum_{i=1}^{n} p_{0i}} \tag{3-1}$$

该方法由于存在明显缺陷，在实际应用中较少使用，其问题在于：如果是同一类产品，因质量差异而存在较大价格差别；如果是不同类产品，用途不同、计量单位不同，价格简单相加无实际意义。

2. 简单算术平均法

简单算数平均法即将各种产品不同时间的价格之比进行简单算术平均，以代表价格总的相对变动水平。其计算公式：

$$IP = \frac{1}{n} \sum_{i=1}^{n} \frac{p_{1i}}{p_{0i}} \tag{3-2}$$

该方法先求价格之比，再求比值的算术平均，以相对指标为基础，克服了简单总合法的缺陷。这种方法表面上看没有进行加权，实则隐含了权重，相当于赋予每个产品同样的权属，即等权重或均权重。

3. 简单调和平均法

简单调和平均法是根据产品单项价格指数，按照调和平均法计算，等于各项价格之比的算数平均的倒数。其计算公式：

$$IP = \frac{1}{\dfrac{1}{n} \sum_{i=1}^{n} \dfrac{p_{1i}}{p_{0i}}} = \frac{n}{\sum_{i=1}^{n} \dfrac{p_{1i}}{p_{0i}}} \tag{3-3}$$

从经济意义上讲，简单调和平均法也是一种可选用的计算方法，和简单算术平均法表达的是同一种现象的结果。但由于两种方法的数据性质不同，用同一组产品数据计算结果，二者的计算结果

不一致，简单调和平均法的结果要低于简单算术平均法的结果，只有当每个产品价格的变化率相同时二者才相等。即

$$IP_{简单算术平均} = \frac{1}{n}\sum_{i=1}^{n}\frac{p_{1i}}{p_{0i}} \geqslant IP_{简单调和平均} = \frac{1}{\frac{1}{n}\sum_{i=1}^{n}\frac{p_{1i}}{p_{0i}}} \qquad (3-4)$$

4. 简单几何平均法

简单几何平均法是先计算农产品在不同时间的价格之比，再计算这些价格之比乘积的 n（产品个数）次方根，以表明其价格总体变动程度。其计算公式：

$$IP = \sqrt[n]{\prod_{i=1}^{n}\frac{p_{1i}}{p_{0i}}} \qquad (3-5)$$

在产品数较多时，计算中要开高次方，为方便计算，通常采取对数形式。将式（3-5）两边各取对数，得

$$\lg IP = \frac{1}{n}\sum_{i=1}^{n}\lg\left(\frac{p_{1i}}{p_{0i}}\right) = \frac{1}{n}\left(\sum_{i=1}^{n}\lg p_{1i} - \sum_{i=1}^{n}\lg p_{0i}\right) \qquad (3-6)$$

这种方法在同一套数据条件下，计算结果介于简单算术平均法和简单调和平均法之间，数值适中。用简单几何平均法，可满足报告期相对基期的价格指数与基期相对报告期的价格指数互为倒数的逻辑关系，即

$$IP = \sqrt[n]{\prod_{i=1}^{n}\frac{p_{1i}}{p_{0i}}} = \frac{1}{\sqrt[n]{\prod_{i=1}^{n}\frac{p_{0i}}{p_{1i}}}} \qquad (3-7)$$

这种方法计算烦琐，在产品价格数据较多时，还须借助对数，对计算条件要求高，一定程度上损失了精度；同时，这种方法与前几种方法一样，未考虑产品重要性差异，故在实际农产品价格指数编制中使用较少。此外，由于简单几何平均法仅能反映同增或同减的同方向变动的产品价格，在价格变动方向不同时，会与实际有较大差异。

5. 简单中数法

简单中数法是将分类农产品价格指数按从小到大的顺序排列，

取中位数作为农产品价格总指数。其计算公式：

$$IP = \left(\frac{p_1}{p_0}\right)_{\left(\frac{n+1}{2}\right)} \tag{3-8}$$

式中，$\frac{n+1}{2}$ 表示指数序列中，中位价格指数的位置。

如果产品价格指数分布比较均匀，中位数取值接近平均数，那么简单中数法是简单易行的方法。但更多会出现如下情况：在单项价格指数项数较少的情况下，依据中数法求得的指数往往与平均法求得的指数数值相差较大，代表性不强；在单项价格指数项数较多的情况下，中数价格指数受数列中间项数值变动的影响，缺乏稳定性；中数价格指数不受中位数两侧数值变动的影响，缺乏平均性，灵敏度较低。故该方法在实际农产品价格指数编制中使用较少。

6. 简单众数法

简单众数法是以分类农产品价格指数中的众数作为农产品价格总指数，即在所有单项价格指数中，找出出现次数最多者。其计算公式：

$$IP = \left(\frac{p_1}{p_0}\right)_{m_0} \tag{3-9}$$

式中，m_0 表示众数。

如果产品单项价格指数按正态分布，其众数也接近平均数。但更多会出现如下情况：在单项价格指数项数较少的情况下，指数的分布不易产生众数；在单项价格指数项数较多的情况下，众数指数缺乏平均性，灵敏度较低。故该方法在实际农产品价格指数编制中使用较少。

二、第二代：加权价格指数公式

第二代指数也称为加权指数，其特点是注重结合经济内容，采用同度量因素（即权重），反映各小类农产品在价格形成中的地位。从形式上看，加权指数多数为价格的数学期望的变形形式。这类指数公式包含物量或者金额形式的信息，因此比未加权指数公式更符合现实情况。加权指数法主要以加权综合指数法、加权平均指数法为主。

1. 加权综合指数法

在统计计算中，用来衡量总体中各单位标志值在总体中作用大小的数值叫权重。加权综合指数法是编制价格总指数的一种方法，它结合产品的重要性和影响力，来考察产品价格的变动，其特点是以物量作为同度量因素进行加权。

农产品存在等级差异，当计算同一类农产品的价格指数时，需要考虑不同结构（等级）下的产品价格，如用每个等级的销售量作为权重，计算得到趋于真实的此类农产品的价格水平。相对于简单综合或简单平均方法，加权综合指数法是指数发展史上的一次飞跃。

（1）常数加权或固定加权综合法

常数加权或固定加权综合法包括两种形式：一是以基期物量为权重的拉氏公式，二是以固定期物量为权重的非拉非派公式。

①以基期物量为权重的拉氏公式

即在综合公式的基础上，将两个时期的产品价格分别乘以基期销售量，然后进行对比，计算农产品价格总指数。1864 年德国统计学家拉斯拜尔（Laspeyres）主张用基期销售量加权来计算总指数，故称拉氏公式。其计算公式：

$$IP = \frac{\sum_{i=1}^{n} p_{1i}q_0}{\sum_{i=1}^{n} p_{0i}q_0} \qquad (3-10)$$

式中，q_0 表示基期销售量。

以固定基期销售量为权重，将各期农产品价格直接比较，其直接经济意义实质是：按基期的销售量计算，因价格变化，报告期所需支付金额的变化率。

②固定期物量为权重的非拉非派公式

其计算公式：

$$IP = \frac{\sum_{i=1}^{n} p_{1i}\overline{q}}{\sum_{i=1}^{n} p_{0i}\overline{q}} \qquad (3-11)$$

式中，$\bar{q}$ 表示固定期销售量。

这种方法在一个连续的计算期内使用固定权重，权重是某一期销售量或某几期销售量的平均数。这种方式与以基期物量为权重的拉氏公式一样，有利于反映长期连续性的价格变动。

（2）变数加权综合法

变数加权综合法同样包括两种形式：一是以报告期物量为权重的派氏公式，二是以变动基期为权重的方法。

①以报告期物量为权重的派氏公式

1874 年德国统计学家派许（Paasche）提出用报告期物量加权计算总指数，故称派氏公式。其计算公式：

$$IP = \frac{\sum_{i=1}^{n} p_{1i}q_1}{\sum_{i=1}^{n} p_{0i}q_1} \tag{3-12}$$

式中，q_1 表示报告期销售量。

利用派氏公式计算的指数，使用报告期权重，把产品价格变动和消费结构的变动都纳入指数中，使计算的指数不仅包含产品价格变动的影响，同时也包含消费结构变动的影响。

②以变动基期为权重的方法

即以计算期的邻近前期销售量为权重。这种方法综合反映了各期价格的变化以及各期权重结构（即消费结构）的影响。

2. 加权平均指数法

用加权平均方法计算价格指数是由英国经济学家阿瑟·杨格（Arthur Young）首次提出的。加权平均指数法是在计算单项产品价格指数的基础上，以产品销售额为权重进行加权平均计算总指数。由于产品销售额包括价格（p）与销售量（q）两个因素，由于计算指数时价格和销售量均有基期和报告期，按排列组合可出现 p_0q_0、p_0q_1、p_1q_0、p_1q_1 四种形式。加权平均指数法较为常用的有加权算术平均法和加权调和平均法，加权几何平均法因计算限制在早期而较少采用。每种方法中，上述四种形式的权重均可出现，继而出现不同的计算公式。

（1）加权算术平均法

$$IP = \frac{\sum\limits_{i=1}^{n}\left(\dfrac{p_{1i}}{p_{0i}}p_{0i}q_{0i}\right)}{\sum\limits_{i=1}^{n}p_{0i}q_{0i}} \qquad (3-13)$$

$$IP = \frac{\sum\limits_{i=1}^{n}\left(\dfrac{p_{1i}}{p_{0i}}p_{0i}q_{1i}\right)}{\sum\limits_{i=1}^{n}p_{0i}q_{1i}} \qquad (3-14)$$

$$IP = \frac{\sum\limits_{i=1}^{n}\left(\dfrac{p_{1i}}{p_{0i}}p_{1i}q_{0i}\right)}{\sum\limits_{i=1}^{n}p_{1i}q_{0i}} \qquad (3-15)$$

$$IP = \frac{\sum\limits_{i=1}^{n}\left(\dfrac{p_{1i}}{p_{0i}}p_{1i}q_{1i}\right)}{\sum\limits_{i=1}^{n}p_{1i}q_{1i}} \qquad (3-16)$$

（2）加权调和平均法

$$IP = \frac{\sum\limits_{i=1}^{n}p_{0i}q_{0i}}{\sum\limits_{i=1}^{n}\left(\dfrac{p_{0i}}{p_{1i}}p_{0i}q_{0i}\right)} \qquad (3-17)$$

$$IP = \frac{\sum\limits_{i=1}^{n}p_{0i}q_{1i}}{\sum\limits_{i=1}^{n}\left(\dfrac{p_{0i}}{p_{1i}}p_{0i}q_{1i}\right)} \qquad (3-18)$$

$$IP = \frac{\sum\limits_{i=1}^{n}p_{1i}q_{0i}}{\sum\limits_{i=1}^{n}\left(\dfrac{p_{0i}}{p_{1i}}p_{1i}q_{0i}\right)} \qquad (3-19)$$

$$IP = \frac{\sum_{i=1}^{n} p_{1i}q_{1i}}{\sum_{i=1}^{n} \left(\dfrac{p_{0i}}{p_{1i}} p_{1i}q_{1i}\right)} \tag{3-20}$$

（3）加权几何平均法

$$IP = \sum_{i=1}^{n} p_{0i}q_{0i} \sqrt{\prod_{i=1}^{n} \left(\frac{p_{1i}}{p_{0i}}\right)^{p_{0i}q_{0i}}} \tag{3-21}$$

$$IP = \sum_{i=1}^{n} p_{0i}q_{1i} \sqrt{\prod_{i=1}^{n} \left(\frac{p_{1i}}{p_{0i}}\right)^{p_{0i}q_{1i}}} \tag{3-22}$$

$$IP = \sum_{i=1}^{n} p_{1i}q_{0i} \sqrt{\prod_{i=1}^{n} \left(\frac{p_{1i}}{p_{0i}}\right)^{p_{1i}q_{0i}}} \tag{3-23}$$

$$IP = \sum_{i=1}^{n} p_{1i}q_{1i} \sqrt{\prod_{i=1}^{n} \left(\frac{p_{1i}}{p_{0i}}\right)^{p_{1i}q_{1i}}} \tag{3-24}$$

三、第三代：交叉价格指数公式

在进行两期价格水平的比较中，第二代加权价格指数选取的权重仅与对比时期的某一个时期相关，不同的指数公式对同一经济现象的价格水平描述，即价格指数的计算结果存在差异。因此，综合考虑两个时期的权重资料，可以克服上述的缺陷，而这也是第三代交叉指数公式发展的基础。总体来说，第三代价格指数是对加权指数法的调整形式，其调整的方法主要是对不同的权重进行再平均。交叉指数主要包括权交叉指数和型交叉指数。

1. 权交叉指数

权交叉指数，指在编制价格指数的过程中，综合考虑两个时期的物量或价值金额的权重资料。这种交叉权重对于价格比较的两个时期中立，即当调换交叉权重中的时期，两个权重仍保持一致。这样的权重有多种，如 $\frac{q_0 + q_1}{2}$、$q_0 q_1$ 等。

第一种交叉权重形成的价格指数，由马歇尔（Marshall）和埃奇沃思（Edgeworth）分别在 1887 年和 1925 年提出，因此也被称为马歇尔—埃奇沃思价格指数。其计算公式：

$$IP = \frac{\sum\limits_{i=1}^{n} p_{1i}\left(\dfrac{q_{0i}+q_{1i}}{2}\right)}{\sum\limits_{i=1}^{n} p_{0i}\left(\dfrac{q_{0i}+q_{1i}}{2}\right)} \tag{3-25}$$

第二种交叉权重形成的价格指数，由沃尔什（G. M. Walsh）在 1901 年提出，因此又称为沃尔什价格指数。其计算公式：

$$IP = \frac{\sum\limits_{i=1}^{n} p_{1i}(q_{0i}q_{1i})^{\frac{1}{2}}}{\sum\limits_{i=1}^{n} p_{0i}(q_{0i}q_{1i})^{\frac{1}{2}}} \tag{3-26}$$

2. 型交叉指数

型交叉指数，主要是将两个不同的第二代加权价格指数进行某种形式的平均而得到新的价格指数。以拉氏价格指数和派氏价格指数为例，分别进行简单几何平均和简单算术平均可以得到两种不同的新的价格指数计算公式。

第一种为简单算术平均的卓比史价格指数，由英国人卓比史（Drobish）在 1871 年提出。其计算公式：

$$IP = \frac{1}{2}\left(\frac{\sum\limits_{i=1}^{n} p_{1i}q_{0i}}{\sum\limits_{i=1}^{n} p_{0i}q_{0i}} + \frac{\sum\limits_{i=1}^{n} p_{1i}q_{1i}}{\sum\limits_{i=1}^{n} p_{0i}q_{1i}}\right) \tag{3-27}$$

第二种为简单几何平均的"理想价格指数"，该指数由美国经济学家沃尔什（G. M. Walsh）和庇古（A. C. Pigou）在 1901 年和 1912 年先后提出，后经美国统计学家费舍尔（Irving Fisher）比较验证了其优越性，命名为理想指数，也称为费舍尔理想指数或费氏指数。理想指数是对拉氏指数和派氏指数的几何平均。其计算公式：

$$IP = \sqrt{\frac{\sum\limits_{i=1}^{n} p_{1i}q_{0i}}{\sum\limits_{i=1}^{n} p_{0i}q_{0i}} \times \frac{\sum\limits_{i=1}^{n} p_{1i}q_{1i}}{\sum\limits_{i=1}^{n} p_{0i}q_{1i}}} \tag{3-28}$$

由于相比加权平均指数，交叉价格指数不易进行经济解释，同时在数据资料的可获取性方面，当报告期数据不可得时，也无法进行交叉价格指数的计算，因此在实际农产品价格指数编制中使用较少。

四、农产品价格指数编制公式比较

农产品价格指数，因采用的方法不同，会产生很大差异。也就是用不同方法计算的结果来分析农产品价格水平变化情况，会得出不同的结论。

1. 简单指数法和加权指数法

价格指数的发展过程就是从不加权到加权逐渐完善的过程。简单指数法是不用权重编制价格总指数的方法。加权指数法是对各个项目依据其相对重要性，乘以相应的权重，计算出指数。

简单指数法是把各种不同产品的价格等量齐观，不考虑各自物量的影响，而加权指数法则可以克服这种缺点，反映价格变化更为准确和客观。

价格是农产品交易活动的结果，具有现实经济意义，是经济运行过程中多种变量相互作用的综合体现。简单指数法没有考虑不同农产品在现实中的相对重要程度，加权指数法则是在考虑各产品重要程度的前提下，研究其价格综合变动的情况。它不仅可以反映其价格的相对变动情况，而且可以反映价格变动对产品销售量、销售额的影响。

简单指数表面上没有加权，实际上是隐含加权，即等权重，相当于对各产品一律平等看待，它的计算结果与对每个产品赋予一个相等的权重加权计算的结果是一致的。但这种加权与产品的重要性不一致，是不合理的。

例如，两个商户同时卖西瓜，因市场行情波动，A商户原价4元/千克的西瓜上涨了10％，销售量保持在5 000千克，B商户原价20元/千克的西瓜下降了20％，销售量保持在250千克。

用简单指数法（简单算术平均法）计算：1/2×（110％＋80％）＝

0.95，即西瓜价格下降5%；

用加权指数法（销售量为权重）计算：110%×[5 000/(5 000＋250)]＋80%×[250/(5 000＋250)]＝1.086，即西瓜价格上涨8.6%；

用加权指数法（基期销售额为权重）计算：110%×[5 000×2/(5 000×2＋250×10)]＋80%×[250×10/(5 000×2＋250×10)]＝1.04，即西瓜价格上涨4.0%；

用加权指数法（报告期销售额为权重）计算：110%×[5 000×2×110%/(5 000×2×110%＋250×10×80%)]＋80%×[250×10×80%/(5 000×2×110%＋250×10×80%)]＝1.054，即西瓜价格上涨5.4%。

2. 加权综合指数法与加权平均指数法

加权综合指数法与加权平均指数法都是编制价格总指数的基本形式，二者具有不同的特点和适用条件。

从指数的发展历史看，首先出现的是加权平均指数法。1812年英国经济学家阿瑟·杨格提出加权算术平均指数法，1833年英国政治家、经济学家斯克罗普提出加权综合法，在它们发展和完善的过程中，两者并行不悖，相互交叉。从形式上，加权综合指数的

公式 $\dfrac{\sum\limits_{i=1}^{n} p_{1i}q_{0i}}{\sum\limits_{i=1}^{n} p_{0i}q_{0i}}$ 与加权平均指数的公式 $\dfrac{\sum\limits_{i=1}^{n} \left(\dfrac{p_{1i}}{p_{0i}}p_{0i}q_{0i}\right)}{\sum\limits_{i=1}^{n} p_{0i}q_{0i}}$ 是相等的，用

同一套资料计算，两者也是相等的。但实际上，两者有不同的适用范围。加权综合指数，是对总体的全面资料进行计算分析，适用于同质可比产品计算；加权平均指数，将交易金额作为同度量因素加权，适用范围更广。

加权综合指数法和加权平均指数法都有明确的经济意义。加权综合指数法是从现象总体出发，侧重于总体范围上的抽象或概括；加权平均指数法则是从个体价格指数出发，侧重于样本的代表性和个体价格指数的平均化。

　　加权综合指数法不仅可以进行相对数分析，而且可以观察价格变动带来的实际经济效果，加权平均指数法则只能进行相对数分析。加权综合指数法的分子分母通常都是一些具有明确含义的经济指标，这就使它不仅可以反映总体的相对变动程度，而且可以用于分析该相对变动在经济上的绝对效果，此外，还可以在现象因果联系的基础上构成严密的指数体系，用于对现象的整体变动进行因素分析；而加权平均指数法严格说来不具备这些特点。

　　从对数据的要求看，加权综合指数法要高于加权平均指数法。加权综合指数法要求有很高的数据条件，即对总体的全面数据进行计算分析，而加权平均指数法则基本上是对总体的部分资料进行分析。如果脱离了总体的全面资料，加权综合指数法的独特分析作用就无法充分发挥出来。加权平均指数法，其权重实质上是相对权重，而不具绝对权重，根据这一性质，在统计上实际确定权重时具有更大的灵活性，即可以用一系列相关资料比较准确地推算或确定权重构成，从而可以在保证指数计算正确性的前提下，大大减少工作量，使现有统计资料或其他核算资料得到更充分合理的利用。

3. 价格法与指数法

　　计算农产品价格指数，为增强代表性，对同一种产品会在多处采集多个交易数据，对这些原始价格数据的处理方法，概括起来有两种：一是价格法，即用某一产品报告期的（加权）平均价格与基期的（加权）平均价格之比来计算该产品价格指数；二是指数法，即用某一产品单个价格指数的（加权）平均数来计算该产品的价格指数。

　　价格法公式：

$$IP = \frac{p_1}{p_0} = \frac{\sum\limits_{i=1}^{n} p_{1i} q_{1i}}{\sum\limits_{i=1}^{n} q_{0i}} \bigg/ \frac{\sum\limits_{i=1}^{n} p_{0i} q_{0i}}{\sum\limits_{i=1}^{n} q_{0i}} \qquad (3-29)$$

　　指数法公式：

$$IP = \sum\limits_{i=1}^{n} \frac{p_{1i}}{p_{0i}} w_i \qquad (3-30)$$

式中，w_i 是权重。

采用不同方法编制的价格指数结果不尽相同，有时差别很大，甚至反映的价格变动趋势方向相反。举例来看：

设有两个商店都卖同一种苹果，某日甲商店售价 6.0 元/千克，卖出 5 千克，乙商店售价 4.0 元/千克，也销售了 5 千克；第二天，甲商店将售价提升到 7.0 元/千克，但它的高售价受到了市场的冷落，只卖出了 1 千克苹果，乙商店也适时提高了售价，定为 4.4 元/千克，结果卖出 9 千克。

用价格法（不加权）计算苹果的价格指数：$[(7.0＋4.4)/2]/5.0＝1.14$，即苹果价格上涨 14%；

用价格法（按报告期销售量加权）计算苹果的价格指数：$(7.0×1/10＋4.4×9/10)/5.0＝0.932$，即苹果价格下跌 6.8%；

用指数法（按报告期销售量加权）计算苹果的价格指数：$7.0/6.0×(1/10)＋4.4/4.0×(9/10)＝1.107$，即苹果价格上涨 10.7%；

用指数法（按基期销售量加权）计算苹果的价格指数：$7.0/6.0×(5/10)＋4.4/4.0×(5/10)＝1.133$，即苹果价格上涨 13.3%；

用指数法（按报告期销售额加权）计算苹果的价格指数：$7.0/6.0×(7/46.6)＋4.4/4.0×(39.6/46.6)＝1.11$，即苹果价格上涨 11.0%；

用指数法（按基期销售额加权）计算苹果的价格指数：$7.0/6.0×(30/50)＋4.4/4.0×(20/50)＝1.14$，即苹果价格上涨 14.0%；

用指数法（不加权）计算苹果的价格指数：$1/2×(7.0/6.0＋4.4/4.0)＝1.133$，即苹果价格上涨 13.3%。

对于消费者而言，同样购买 10 千克的苹果，第一天花费 50 元，第二天花费 46.6 元，这是由价格变化引起的，加权的价格法体现了这一价格变化和结构变化的综合影响。

事实上，人们看到的是两个商店的售价都提高了，加权的价格指数所反映的价格变动方向与人们的感受出入很大，尤其是在多地区、大数据的情况下，人们只接受直观感受，此例中，不加权的价格法和用各种方法计算的指数法的结果与人们的直感相吻合。

比较而言，指数法相对于价格法有一定可取之处：一是同一种农产品因产地、售地和品牌不同，价格往往相差很大，若简单地予以平均，其平均价格意义不明确；二是价格法不能满足单调性检验，即所采样本报告期价格较基期价格均为上升（或下降），而因权重问题可能导致指数表现为下降（或上升），价格指数与实际价格变化方向相悖，不能真实反映价格变化方向及水平；三是指数法是先计算产品价格的变化幅度，即各个样本的指数，再对同类样本的指数进行平均，价格指数与实际价格变化方向始终是一致的。

4. 算术平均法与几何平均法

近年来，在计算价格指数时，借助现代电子计算技术条件，几何平均公式得到广泛应用。几何平均公式在满足统计检验的要求方面，是优于其他计算方法的；但在经济意义的合理性方面，算术平均法与几何平均法哪个更优，是值得深入研究和讨论的。

价格的变动与实际的产品销售量联系极为密切，算术平均法具有明确的经济意义。个体经济现象与总体经济现象存在着数量关系，将个体经济现象汇总而得总体经济现象，再用总体经济现象除以个体经济现象的数量而得个体经济现象的平均情况，这属于算术平均数范畴解决的问题。计算农产品的平均价格，采用算术平均数公式要优于几何平均公式。举例来看：

假设有红苹果、黄苹果各 1 千克，红苹果售价 4 元/千克，黄苹果售价 8 元/千克，则红、黄苹果的销售额分别为 4 元、8 元。

按算术平均法计算：苹果总数量为 2 千克，平均价格为 $(4+8)/2=6$ 元/千克，总销售额为 12 元；

按几何平均法计算：苹果总数量为 2 千克，平均价格为 $\sqrt{4\times8}=5.657$ 元/千克，数量和平均价格的乘积为 11.314 元，不等于总销售额 12 元；

比较看出，算术平均法满足"总数量×平均价格＝总销售额"，而几何平均法的总数×平均价格≠总销售额，其数量和价格相乘只是一种数学算法，没有实际经济意义。为此，在这种情况下，较几何平均法，算术平均法的计算结果更易让人接受。

第二节 农产品价格指数评价分析

为了能适当地表现总体价格的平均变动程度，价格指数理论的研究经历了一系列的变迁。与第一代指数公式相比，第二代指数公式的资料基础与经济现实之间的关系更为密切，但第二代指数从对比时期中的一个时期取得权重，且不同指数公式对同一现象的价格描述结果也会出现不同。为解决仅考虑单一时期的片面性，第三代指数公式将两个时期的权重资料都考虑进来，使结果更全面。第三代指数建立在指数偏误理论和检验理论之上，对第二代指数进行了改造，综合考虑了价格、物量两个因素的交互作用，利用对两个因素相互关联部分的适当分摊，使指数的偏误减少，并能通过指数检验。但是，这种以解决指数偏误的种种公式修正，其经济含义却不甚明了。

一、价格指数的偏误理论

由于不同价格指数编制方法的计算结果存在差异性，逐渐发展产生了价格指数的偏误理论。偏误并不是样本同总体之间的误差，而是因它们的假定性，用总体的全面资料所编制的农产品价格指数同某种"真实"值之间的偏误。

不同指数公式测度的实际上是不同假定条件下农产品价格的相对变动程度。举例来看，拉氏价格指数将同度量因素，即权重固定在基期，便是假定了报告期产品价格在基期销售量中发生，但实际上，报告期价格是在报告期销售量中发生的；派氏价格指数将同度量因素，即权重固定在报告期，便是假定了基期产品价格在报告期销售量中发生，但实际上，基期价格是在基期销售量中发生的。这两个指数的计算结果越接近，说明报告期和基期产品总体的结构越接近。若两个时期产品的结构相同，则两种指数公式计算的结果相等，因为这时两种指数都没有假定性，我们把这种状态下的指数值称作"真实"值。显然，实际上计算出来的拉氏指数和派氏指数应当分别在"真实"值两侧。

总体来看，偏误的类型，从数据来源或监测方案设定考虑，主要有产品替代偏误和产品质量偏误；从价格指数编制形式设定考虑，主要有型偏误和权偏误。

1. 产品替代偏误和产品质量偏误

产品替代偏误是指某一农产品销售量增大后未能及时进入农产品价格指数的统计调查范围，从而对农产品价格指数产生的影响。举例来说，在编制农产品批发价格200指数的过程中，如果没有处理好农产品的替代问题、质量调整、销售渠道替代以及底层汇总问题，会使农产品批发价格200指数出现偏差。虽然，按照指数编制的要求，会定期对指数权重进行调整，但仍会出现产品替代偏误问题。

产品质量偏误是指编制农产品价格指数所选取的代表品的质量随着时间的演进而不断发生变化，如果单纯考虑价格因素进行价格指数编制，会对价格指数的真实性产生影响。目前对于农产品质量的调整，通常采用纯样本匹配法。例如产品的包装发生变化，可通过数量换算成统一口径进行价格比较；若产品等级发生变化或者产品等级已不存在，可选取最相近的产品等级进行替代，并做价格调整。

2. 型偏误和权偏误

型偏误和权偏误是偏误理论中最重要的两个相关概念。

型偏误是指对同一资料由于采用不同形式的指数公式计算所产生的价格指数数值上的差异。例如采用算数平均和采用调和平均进行价格指数计算的结果存在差别。存在型偏误的价格指数一般不符合时间互换检验。

权偏误是指由于选用的权重不同，价格指数计算结果出现的数值上的差异。例如采用基期销售量作为权重和采用报告期销售量作为权重进行价格指数计算的结果存在差别。根据指数检验理论，权偏误的价格指数通常不满足因子互换检验。

值得关注的是，统计理论界在价格指数偏误理论方面存在争议。持否定态度的学者认为：从指数偏误产生的原因看，它是由于度量不同的经济现象造成的，而不是对唯一正确数值的反方向偏误；从指数偏误的实质看，偏误并不表明哪一个指数有缺点，偏误的内容并不表明公式有实质性的差别；从解决偏误的方法看，采取的折中办法本身就缺乏清晰合理的实际经济意义；从偏误理论的影响看，如不审慎，脱离指数本身的实际意义，而片面追求"完善"的指数形式，则会导致指数理论走向形式主义的歧途。

二、价格指数的检验理论

从农产品价格指数的编制方法可以看到，在编制指数时有不同的形式，又有不同的权重，各种形式和各种权重又可以进行不同的组合。面对各种各样的价格指数，哪种指数更好，则需要一系列评价指数优良性的标准，需要对指数的计算建立行之有效的检验理论。通过指数检验，不仅可以对现有各类指数进行筛选，进一步对各类指数的构造进行深入研究，还可以根据这些基本理论去构造新的指数。

价格指数的检验理论是指通过对价格指数公式形式的分析，来说明什么样的指数才能称之为优良指数。目前的指数理论体系中，存在多种不同的指数构造方法和思想，每一种方法支持的指数都不同。其中，最为著名的，便是以费雪的著作——《指数的编制》为理论基础的指数优良性检验理论。他在该书中提出了100多种指数检验公式，并设计了一套检验方法，想找出一种更"完美""理想"的指数公式，其中核心的检验原则可以概括为恒等性检验、公度性检验、比例性检验、确定性检验、进退检验、时间互换检验、循环检验、因子互换检验八项。

在这八项检验中，前四种相对直观，一般指数容易通过，第五种检验对于大样本或者删增的产品为非主要农产品来说，一般在其计算数值上的变化极其微小，可以忽略不计，自然通过检验。因此，费雪检验理论的核心就是时间互换检验、循环检验、因子互换检验三项检验。

1. 时间互换检验

时间互换检验，又称基期互换检验，是指同一问题顺时间总体指数与其同类的逆时间总体指数互为倒数，即 $IP_{t/t'} \times IP_{t'/t} = 1$。该检验可用来检验指数的型偏误，对于价格指数的各种基本公式，仅简单综合法、简单几何平均法、固定加权综合法及加权几何平均指数法符合，其余均不符。

不符合时间互换检验的原因：一是时间维度的现实不可逆性。时间互换检验成立的前提是时间维度的可逆性，逆时间看待经济问题无异于承认经济现象可逆时间变化，承认现在的环境及条件对过去的经济发展具有影响和约束，有逆向随机因素的作用，这显然是主观意识的产物，违背事物发展的规律。二是时间互换检验不能反映经济实体的内在特征。随机变量 $IP_{t/t'}$ 反映的是经济实体由基期到报告期不同产品个体价格指数的各个状态，以及各个状态在经济生活中的地位、作用的大小，是经济在时间上的客观存在。总价格指数将总体在报告期各个状态的集中趋势表述出来，反映经济总体价格或物量变化在报告期达到的一般程度，高度概括了经济实体的变化状况。而若将个体指数颠倒过来，虽然它们从数学的角度仍然是随机变量，但却没有经济内涵。三是时间互换检验从思维方式上僵化了总体内部属性。关系式 $IP_{t/t'} \times IP_{t'/t} = 1$ 是个体指数的属性，而由个体指数形成的总体指数则拥有总体的系统功能，并非个体指数的简单叠加。个体指数间的相互作用，使得总体指数具有不同于个体的内部属性。因此，不能无条件地将个体自身的特性推广，强加于总体，否认个体间的相互作用，僵化总体的体系功能。

2. 循环检验

循环检验或称连锁检验，是指若干个逐期的同一环比指数的连乘等于相应的定基指数，即 $IP_{1/0} \times IP_{2/1} \times \cdots \times IP_{t/t-1} = IP_{t/0}$。以价格指数为例，想要循环检验成立，则逐期产品价格的变化不能具有后效性（或翘尾因素），即当前一期或前几期价格变动对报告期价格的变动没有任何影响，n 期产品价格指数一定等于相应的逐期产品价格指数的连乘积。然而，总指数中能够通过这项检验的较少，一般被认为是良好的指数往往也无法通过，如拉氏指数和派氏指数。

不符合循环检验的原因：一是研究问题的方式方法存在缺陷。在现实生活中，各期价格的变动一般不能看作相互独立的，至少前一期价格的变动对报告期价格的变动会有一定影响，称为价格的滞后作用或后效性。在研究各期价格指数的变动情况时，则将各期价格变动的滞后作用忽略了，其结果是将价格的动态变化按独立随机变量来处理，而未考虑现实经济条件下的影响。二是循环检验受物量指数变动的影响。物量变化必然带动产品价格的变化，二者的关系不容忽视。由于分析产品价格变动时，客观上要求单纯考虑价格指数的大小，这便人为抛弃或者弱化了价格和物量间的联系。当把若干个年份作为一个阶段考察时，这种物量变化对价格的影响在阶段内部分地抵消和相互中和，但当逐年考察时，物量变动对价格的影响就相对突出了，致使一些无法通过循环检验的情况出现。

3. 因子互换检验

因子互换检验，是指同一类指数的总价格指数与总物量指数相乘等于其相应的价值指数，即 $IP_{t/t'} \times Q_{t/t'} = V_{t/t'}$。每一类产品的价值都是该类产品单位价格的代数和，一类产品的社会价值表现为价格与物量的乘积，即 $v = pq$。那么，所有产品在一定时间的价值就表现为各类产品价值的代数和，即 $V = \sum_{i=1}^{n} v_i = \sum_{i=1}^{n} p_i q_i$。由此，每种产品的价值构成要素和全部产品的构成要素是一致的，都由价格和物量组成。因子互换检验的要求便是根据个体指数计算出平均数后，对个体产品满足的等式，对于平均数也应该同时成立。然而，在实际中个体指数符合这一检验，但总指数的各种基本公式，除简单几何平均法和加权几何平均法，其余均不符合，即只有相乘性指数可以满足这一检验。

不符合因子互换检验的原因：因子互换检验以总体和个体价值

构成要素的一致性为客观依据，将个体价值指数与其构成要素指数间的关系拓展到总体指数上。但就总体指数而言，它不仅涉及构成要素自身的变化影响，又受各类构成要素之间的相互关系影响。作为客观实在的经济总体，它与个体相比，多了一项总体的系统功能。正是由于系统功能的作用，总体指数之间的关系特征不能完全等同于个体指数之间的关系特征。证明如下：

$$V_{1/0} = \frac{\sum_{i=1}^{n} p_{1i}q_{1i}}{\sum_{i=1}^{n} p_{0i}q_{0i}} = \frac{\sum_{i=1}^{n} p_{1i}q_{0i}}{\sum_{i=1}^{n} p_{0i}q_{0i}} \times \frac{\sum_{i=1}^{n} p_{0i}q_{1i}}{\sum_{i=1}^{n} p_{0i}q_{0i}} +$$

$$\sum_{i=1}^{n} \left(p_{1/0} - \frac{\sum_{i=1}^{n} p_{1i}q_{0i}}{\sum_{i=1}^{n} p_{0i}q_{0i}} \right) \left(p_{1/0} - \frac{\sum_{i=1}^{n} p_{0i}q_{1i}}{\sum_{i=1}^{n} p_{0i}q_{0i}} \right) \frac{p_{0i}q_{0i}}{\sum_{i=1}^{n} p_{0i}q_{0i}} \quad (3-31)$$

$$= L_P \times L_Q + COV(p_{1/0}, q_{1/0})$$

综合来看，许多指数不能满足因子互换检验的根本原因，是由于对 $p_{1/0}$ 和 $q_{1/0}$ 的相互关系 $COV(p_{1/0}, q_{1/0})$ 处理不当。

对于指数检验理论，应当有一个正确认识，费雪检验中的三大检验理论都基于总指数是个体指数的简单外延，故默认对于个体指数能够通过的要求，总指数也应能通过，但实际上并非如此。个体指数与总指数所包含的因素、指数的形式、具体的作用均有较大差别，不能等同看待。从研究目的与经济意义考虑，一些并不能同时满足三大检验理论的指数公式，实际效果却比较好，如拉氏、派氏公式都违背费雪的三大检验，但实际中却常被使用；同时满足费雪三大主要检验的指数公式，也并不一定便是优良指数。

三、价格指数的评价标准

价格指数在几百年的演进历程中不断发展和完善，如何评判这些指数计算方法的优劣？理论界提出了指数检验的多种方法，但大多数公式都不符合这些标准，有的因为形式不同，产生了"型偏误"，有的因权重不同，产生了"权偏误"等问题；而完全严格按照检验标准构建的，看似"完美"的指数又不一定是现实运用中的优良指数。因此，在具体操作中，评价价格指数优劣的科学标准及选取原则就显得至关重要。

1. 价格指数的评价指标

（1）平均性。价格指数是进行综合比较的结果，是个体价格变动的代表，具有平均数的性质。从前提上说，无论是何种指数公式，其计算结果必须是各个个体指数的代表，而体现代表性的指标是集中趋势指标。所以，平均性是价格指数优劣与否的一个衡量标准。由平均数理论可知，平均数处于个体变动区间，即小于最大值而大于最小值。所以，任何一种指数公式计算结果应介于个体指数的最大值和最小值之间。算术平均数、调和平均数及几何平均数都是个体指数的平均数，自然都具有平均性。由于综合指数也可化为算术平均数和调和平均数，因此也具有平均性。

（2）综合性。指数不只是一个抽象化的代表值，它还必须具备实在的经济意义，如表示价格的总变动等。因此，指数必然受到客观经济现象本身特点的制约，其计算过程要有一定的实际经济意义。加权综合指数所对比的分子和分母是有独立经济意义的，因而具备这一性质，且可以化为加权综合指数的加权算术平均数指数与加权调和平均数指数，也具有综合性。简单算术平均数指数和简单调和平均数指数则不具备此性质。

（3）无偏性。指数作为反映总体中各个体变动的代表值，不应该存在系统偏差，即总指数应准确反映所有个体的总变动方向和总变动幅度。首先，不具备平均性不仅无实际意义，且肯定不是无偏的。对于具备平均性和综合性的指数来说，它们可以表示个体指数在某一权重下的平均值。由于在加权时对权重的选择不同，就可能存在由于权重选择不当而引起的系统偏差，从而使指数不能很好地反映总体相应指标的性质。

（4）一致性。作为综合估计量，价格指数同总体相应指标之间的差距应该随着代表品样本的增大而减少，使大样本下的指数能较好地代表总体指标数值，说明经济现象变化的状态。

2. 价格指数的实际选择

（1）应选择通俗易懂、计算简便的指数形式。尽量避免形式烦琐、计算复杂的公式。例如，费雪的理想公式虽然在理论上备受推崇，但实践中却颇为寥寥，只有在权重结构变动剧烈，运用报告期权重和基期权重计算的指数差别很大的情况下使用。

（2）应选择对反映总体价格变动具有较强敏感性的指数形式。例如，简单中位数和简单众数指数法，因缺乏平均性，在实践中较少使用。

（3）应尽量采用加权指数体系。只有在实践中很难或无法获得恰当的权重资料时，才使用简单指数法。

（4）选择指数公式应以国家的经济体制和管理体制为出发点。在计划管理体制条件下，管理权限高度集中，大多伴有健全的统计，则可直接利用加权综合指数公式去编制指数；在市场经济条件下，价值规律通过自由竞争和产品供求变化而自发起作用，统计资料依靠非全面调查取得，此时编制指数多依靠加权平均指数的方法。而农产品大都实现了完全市场竞争，为此多采取后一方法。

（5）选择指数公式应以统计资料占有情况为基础。在同一社会条件下，究竟用何种编制指数的方法，不能一概而论，应以占有资料的条件决定，针对不同情况，进行具体选择。

第三节　农产品价格指数编制流程

农产品价格指数编制流程主要包括代表品选取及更替、异常值识别与处理、权数及其更替、代表品平均价格计算、价格指数计算等内容。

一、代表品选取及更替

1. 代表品选取

代表品的选取建立在产品分类体系的基础上，一般原则是"产品规格等级明确，质量相对稳定，已上市较长时间，有一定成交量，价格有波动，市场影响力较大，在本类产品中有代表性"。由于不同产销环节的差异以及价格指数编制的独立性，在确定各类产品的代表品时，也应采用分别独立选择的办法。

2. 代表品更替

根据传统的价格指数理论，代表品一经确定，原则上一年内不能更改。代表品的相对稳定性是指数系统稳定可靠的前提条件之一，但是若过于强调稳定性而无视市场实际变化情况，代表品的代表性就会削弱。因此，在"稳定性"与"代表性"之间，通常认为后者更加重要。

代表品更替的主要原因：一是原代表品完全退市（失去代表性）；二是原代表品成交规模、价格变动与所在类别产品价格波动趋势完全矛盾（弱代表性）；三是有更多新款出现（即时尚化），需要增补新代表品。为此，可建立"准代表品数据库"，长期采集相关数据，做好更换准备，适时调整进入指数计算系统，保证调查数据的连续性和可比性。代表品更替涉及基期价格变更、报告期价格变更和质量调整引起的产品变更三种情况。

（1）基期价格变更的技术处理方法

①如果新代表品直接源自准代表品数据库且统计周期足够长（如一年），则直接采用相应的平均价格作基期。

②如果新代表品不是源自准代表品数据库，可考虑采取统计估算或推算方式确定相应的基期价格。为了保证指数代表品更替的连贯性，可采取以下方式进行推算：

新代表品的基期价格＝新代表品上期价格/所在三级类别上期指数

所有代表品的更替与增补都将引起指数计算系统的变化，应对指数计算系统的"基期库"记录作相应的替换或增补调整。相应程序中的参数库也需要进行调整。

（2）报告期价格变更的技术处理方法

①如果个别代表品本期没有成交而缺价，则用上期价格代替；

当第二个调查日代表品继续缺价，则使用辅助调查点同种产品价格代替；如果第二个调查日辅助调查点近似代表品缺价，则使用主调查点近似代表品价格代替；如果第二个调查日辅助调查点同种产品和近似代表品均缺价，应利用代表品的价格变动趋势，推算出报告期价格。

②如果固定调查点变换、关停、整顿停业造成价格缺失，应使用新调查点同种规格代表品价格；如果原代表品无法采集，则调换质量最接近的代表品，按其价格涨跌幅度推算。

③若无法推算或认为没有必要推算，则不对报告期价格进行处理。而是令该代表品的权重为零，系统中作"弃用"处理；其余代表品的权重进行相应放大，以满足归一化的要求。如果某级分类下属全部代表品均缺价，则令该级类别权重为零，将其余类别权重进行相应放大以满足归一化要求，该级类别指数不公布。

④如果某级分类下属部分代表品季节性缺价，处理方法主要有以下三种：

一是在编制价格指数时，采用可变权重。对于季节性产品，在不同的时间使用不同的权重，以真实反映季节性产品在不同时间的生产销售情况。

二是在编制价格指数时，对计算方法进行修正或补充，具体有同比月度指数法、同比年度指数法、滚动年份年度指数、最大重叠月环比价格指数等。

三是对季节性产品的处理方法是利用较为复杂的季节调整技术，对环比月度价格指数进行季节调整。

（3）质量调整的技术处理方法

如果原代表品完全退市（代表品缺价），或者由于原代表品成交规模、价格变动与所在类别产品价格波动趋势完全矛盾（弱代表性），不足以代表其他产品价格变动，需要对代表品变更。这就会出现新代表品的质量性能比原代表品有较大改变，需要进行质量调整。总体来看，质量调整的方法可分为两大类：一类是直接质量调整方法，包括成本模拟法、专家评估法、相似产品推算法、Hedonic

回归质量调整法等；另一类是间接质量调整方法，包括可比替换法、无价格变化的连接法、重叠法、总均值虚拟法、组均值虚拟法、样本更新法等。

二、异常值识别与处理

1. 异常数据识别与处理

异常数据的识别，主要是依据审核人员的经验和填报单位的各种定性和定量的信息，采用人机结合的检查方式，对已录入的数据是否异常进行检查和判断。异常数据人工审核在调查表验收合格、数据录入计算机并通过计算机逻辑关系和平衡关系检查后进行。经审核确定的异常数据应向填报单位核实，对确有错误的数据应予以更正。只有通过异常数据的识别后，才能进行数据汇总。

2. 平衡关系检查

平衡关系的检查，依靠事先设定的计算机程序自动实现。计算机平衡关系检查，主要是依据调查表指标间的平衡关系和逻辑关系，对每一单位的调查表数据进行检查，检查填报数据的值域、数据之间是否满足给定的平衡关系式或逻辑关系式。计算机平衡关系检查自动给出出错数据的信息，对不能通过计算机平衡关系检查但又符合实际情况的数据，应说明原因并保留原数据。对于确实存在问题的情况，发现问题后，软件提醒并返回重新检查，再次填写提交，否则不应填报上交。

3. 自动修正功能

计算机系统提供自动修正功能，可设置下限为 α_1，上限为 α_2，则上报的原始数据可通过以下公式进行修正，以分段函数为例（可用折线或非线性形式进行修正）。其中 k 代表原始数据，k' 代表修正后的数据，$f(k)$、$u(k)$、$g(k)$ 代表 k 的某个函数。

$$k' = \begin{cases} \alpha_1, & k > \alpha_1 \\ k, & \alpha_2 < k < \alpha_1 \\ \alpha_2, & k < \alpha_2 \text{（折线形式）} \end{cases} \quad (3-32)$$

或

$$k' = \begin{cases} f(k)\alpha_1, & k > \alpha_1 \\ u(k), & \alpha_2 < k < \alpha_1 \\ g(k)\alpha_2, & k < \alpha_2 \text{(非线性形式)} \end{cases} \qquad (3-33)$$

采用折线函数中 $\alpha_1 = 100$，$\alpha_2 = 10$，如某产品价格为 110，计算机系统直接设定产品价格为 100，若产品价格为 5，则直接设定产品价格为 10，若价格为 80，在 10～100 区间内，则取实际值 80。

三、权重及其更替

根据已有编制指数，产品分类一般较多，其各类别产品的销售额占整体市场总销售额的比重较难确定，且相关历史数据或经验数据一般也比较缺乏。为了保证指数的有效合成，大部分指数均采用近似估计的办法，以确定产品各级类别的权重并反映产品各类构成的大致情况。

为防止权重调整后出现指数跳跃的情况，一般采用相对固定加权方法确定下一期权重，即将权重以比重形式固定下来，且在一段时间内不变。如下一期的权重可以将当期与上一期的权重按照一定合理比例计算，$W_{t+1} = aw_{t-1} + (1-a)w_t$。此式既可固定权数计算形式，又能根据实际对权重进行适当调整。采用相对固定加权的原因在于计算价格指数时，难以获得及时、全面的产品数量及价格。

四、代表品平均价格计算

代表品价格往往根据实际交易时间、地点发生变化，所以必须计算出一种代表品的平均价格，通常选用算术平均法。计算公式有简单算术平均数和混合算术平均数，具体公式分别为：

简单算术平均数：

$$\bar{P} = \frac{\sum_{i=1}^{n} p_i}{n} \qquad (3-34)$$

式中，$\overline{P}$ 表示某种代表品某一周期内的平均价格，p 表示每次调查的价格，n 表示该地区某一周期内的调查次数。

混合算术平均数：

$$\overline{P} = \frac{\displaystyle\sum_{i=1}^{n} m_i}{\displaystyle\sum_{i=1}^{n} q_i} \qquad (3-35)$$

式中，$\overline{P}$ 表示某种代表品某一周期内的平均价格，m 表示每次调查的销售额，q 表示对应的销售量，n 表示该地区某一周期内的调查次数。

五、价格指数计算

产品价格指数是按产品分类体系，从代表品入手，采用农产品价格指数编制公式（详见本章第一节）确定小类产品的价格指数，进而按照层次关系，设定各类别的权重，逐层汇总确定上一级总（类）指数。

1. 代表品价格指数的计算

由于实践中经常采用的是多个采集点的各种代表品的价格（即每一种代表品下，对若干个采集点进行价格调查），为此，需要计算多个采集点、每一种代表品的价格变动情况。计算方法概括起来有两种：一是价格法，即用某一产品报告期的（加权）平均价格与基期的（加权）平均价格之比来计算该产品价格指数；二是指数法，即用某一产品单个价格指数的（加权）平均数来计算该产品的价格指数。

2. 计算第三级类别产品的价格指数（小类的价格指数）

可用代表品价格指数的加权算术平均。依此类推，其他各个三级类别指数也可以计算出来。

3. 计算第二级（中类的价格指数）

采用加权算术平均，利用三级类别指数计算二级类别价格指数。

4. 计算一级分类总指数（大类的价格指数）

原理相同。

5. 计算价格总指数 K

原理相同。

权重的分配，根据实际情况，需要事先确定。

第四章　农产品价格指数应用

农产品价格波动是反映供需变化的灵敏信号。具有公信力与影响力的农产品价格指数可以集成关键价格要素、集约整体价格信息，能发挥行业风向标、市场晴雨表与风险避雷针的功能，可以有效带动产业向现代化、特色化、标准化、生态化发展。因此，农产品价格指数的应用场景非常广泛，涵盖服务宏观调控、引导产业发展、支撑微观决策三个方面。

第一节　农产品价格指数分类

鉴于农产品的种类繁多、交易发生频繁、数据来源渠道多样等因素影响，参考农业农村部信息中心、中国人民大学统计学院、中国经济信息社等专家的意见，将农产品价格指数根据不同分类依据，划分为不同类别：一是根据价格数据采集对象和来源，分为农产品现货价格指数和农产品期货价格指数；二是根据指数编制意义和预期作用，分为表征类农产品价格指数体系和投资类农产品价格指数体系。

一、农产品现货和期货价格指数

1. 农产品现货价格指数

农产品现货价格指数主要由监管部门、地方政府、交易中心、行业协会、信息供应商等机构编制和发布，基于线下采集、电商平台、现货交易等渠道得到的农产品价格数据编制而成。

在综合品种指数编制方面，国家统计局编制和发布了农产品生产者价格指数，反映全国主要农产品生产者价格走势，满足农业与国民经济核算需要，该指数数据来源为抽选的农业生产经营户和经营单位等农产品生产者直接出售时实际获得的单位农产品价格，不包括运费和有关商业费用。农业农村部编制发布农产品批发价格200指数、"菜篮子"产品批发价格200指数，用以综合测度中国农产品批发环节价格整体水平及其变化的指数体系，其中农产品批发价格200指数体系包括蔬菜、水果、畜产品、水产品、粮食及食用油指数等6小类产品指数，"菜篮子"产品批发价格指数、粮油批发价格指数等2大类产品指数和农产品批发价格200指数总指数共3个层级。商务部编制发布全国食用农产品市场价格指数，选择粮食、食用油、肉类、禽类、蛋类、蔬菜、水产品、水果8大类食用农产品，以商务部360家监测样本企业为数据主体，包括农副产品批发市场和大型超市，覆盖全国36个大中城市。

在单一品种指数编制方面，主要围绕生猪产品、茶叶、水果、蔬菜、花卉等具体的单一特色农产品进行编制。中国茶叶流通协会从2009年起先后研发的安溪铁观音、新昌大佛龙井等茶叶价格指数，其基础数据是场内茶叶交易实时数据，经过对茶叶交易数量、价格进行处理，得出每日和每月交易数据，再进行价格指数计算；农业农村部信息中心、大连商品交易所、山东卓创资讯股份有限公司于2017年3月编制推出的瘦肉型白条猪肉出厂价格指数，是以国内屠宰行业内有代表性的日屠宰量500头以上89家屠宰企业组成采价样本，并辅以备用样本集合编制而成；中国经济信息社与农业农村部信息中心、贵州省农业农村厅、遵义市人民政府共同编制的中国遵义朝天椒（干椒）批发价格指数，选取遵义地区具有代表性的朝天椒（干椒）品种作为代表规格品，采集遵义地区各主要批发市场的朝天椒（干椒）价格，通过科学的模型设计和权威论证，计算出指数结果。

2. 农产品期货价格指数

商品期货价格指数是以上市交易的商品期货为标的的价格指数，具有较高经济意义与投资价值。在国内期货市场实操层面，为加强大宗农产品价格总体变化趋势的跟踪、监测与预判，大连商品交易所、郑州商品交易所相继推出农产品期货价格指数。郑州商品交易所编制、发布的易盛农产品期货价格系列指数，包括基于期货主力月份合约价格编制的易盛农产品期货价格子系列和基于交割月及其后最近月份合约价格编制的易盛农产品基准价格子系列。大连商品交易所推出了系列农产品期货价格指数，具体包括综合指数、成分指数及主题指数等多商品价格指数，以及期货价格指数、主力合约价格指数等单商品价格指数。此外，大连商品交易所基于鸡蛋、豆粕和玉米的期货合约价格，研制蛋鸡养殖利润指数，将多个品种的期货价格指数基于一定的生产逻辑进行组合，进一步打造出具有产业意义的期货价格指数，扩展了期货价格指数的应用范围和场景。

二、农产品表征类和投资类价格指数

1. 表征类农产品价格指数体系

从国民经济宏观管理看，不仅需要一个能够综合表现农业供给体系整体价格水平动态的指数，还需要各类农产品价格指数。因此，表征类农产品价格指数体系的功能设计能够反映农业供给体系中全产业链的价格走势，其中各类农产品价格指数独立编制，每个价格指数都反映了特定范围内的价格动态变化。

在编制表征类农产品价格指数时，样本选取多采用多重抽样框方法；编制方法多使用加权法、综合法等；在设计分类权重时，为了可以有效地延长产业链并表征其价值链，将产业维度的农产品价格指数体系进行合成时多使用评价权重。基于宏观经济管理的多指标，可衡量收购、批发、零售、消费环节之间的相对重要程度而确定权重。为了能够推行标准化生产、培育农产品品牌，对于品种维度的农产品价格指数体系使用基础权重进行合成，采用农产品产量、产值等具体指标的实质权重与价格进行计算。为了便于更好地构建农业对外开放新格局，对于贸易维度的农产品价格指数体系，总指数能够更加灵敏地反映国家之间经贸往来、全球气候等自然要素、各国农产品产量等综合因素的影响，根据时间序列进行统计预测，用预测权重对各子指数进行计算。

农产品批发价格 200 指数、粮食种子（综合）价格指数、宠物食品原料（综合）价格指数等，都是典型的表征类价格指数，是对一类产品价格走势的表征类展现。

2. 投资类农产品价格指数体系

应用于金融市场并与金融产品挂钩的投资类农产品价格指数体系，主要包括以下三类：

一是基于调查采集价格数据进行编制的价格指数，一般用于农产品价格指数保险、指数期货等衍生品开发。实践中，农产品价格保险实施的关键是确定第三方公允的农产品价格标的。因此，相关农产品统计部门基于其调查得到的农产品价格监测数据，设计并研发保险公司、投保者都认可的和具有较强科学性、权威性的农产品价格指数。此外，一些现货价格指数也可以为股票、期货等市场投资者提供参考指标。这部分在美国等西方国家使用得更为成熟，例如美国瘦肉猪价格指数和育肥牛价格指数，已被作为标的研发相应的指数期货产品，并得到较好应用。国内，瘦肉型白条猪肉价格指数使用独立运行的第三方采集带质量标的白条猪肉从屠宰厂出货的现货价格，用于打造可供研发金融衍生品使用的标的指数。

二是基于现货交易平台数据而编制的价格指数。通过使用交易平台所产生的数据编制指数，进而作为实体与资本市场衔接的一个载体，保证第三方独立运行并服务于金融衍生品设计。中国遵义朝天椒（干椒）批发价格指数是基于现有批发市场交易平台的干椒成交价和批发，由中国经济信息社等客观中立第三方的单位，根据指数专家委员会研制的指数编制方案，针对明确的质量标的干辣椒，使用规范的抽样采集方法，采集样本价格并研制价格指数，为下一步打造金融衍生品提供了高质量的指数标的。

三是基于期货市场数据而编制的农产品价格指数。商品期货指数是全球商品期货业发展的产物，代表了商品期货的金融化途径。农产品期货价格指数可以成为反映通胀趋势的先行性指标，为宏观经济政策和产业政策制定提供前瞻性的指导参考，为实体经济提供风险管理工具与预测依据。大连商品交易所研制的豆粕、玉米期货价格指数，用于"保险＋期货"试点工程；研制的蛋鸡养殖利润指数用于场外交易平台，同时供保险公司打造蛋鸡养殖的收益保险等。

第二节　农产品价格指数用途

农产品价格指数的编制意义、作用和方法，都影响其用途。从服务对象来说，农产品价格指数一方面可供各级政府进行宏观调控时参考。相关调控部门密切关注农产品价格指数传递的信息，作为制定未来政策的支撑，并按照价格指数的变化趋势调整农产品资源管理政策，对保障农产品市场定、维护各方公平权益以及充分发挥调控政策的活力等具有重要意义。另一方面，还可以供生产商、流通商甚至消费者制定相关决策时参考。农产品价格指数可以帮助市场主体在任何一个时期参照当时价格指数的表现，及时把握价格水平与变化趋势，指导市场主体进行投资经营决策，在一定程度上有助于带动土地、人才、投资等资源要素的优化配置。从农产品价格指数的用途看，主要包括如下四个方面。

一、研判价格形势和供求关系

就国外而言，以联合国粮食及农业组织（FAO）食品价格指数为例，它能够反映国际食品类商品月度价格水平以及波动趋势；就国内来说，有农产品生产价格指数，粮食类、食品类、果蔬类等的居民消费价格指数，农产品批发价格 200 指数以及特色农产品价格指数等。其中，农业农村部编制和发布的农产品批发价格 200 指数，是综合测度和全面反映我国农产品批发环节价格整体水平及变化的指数体系，一方面能够体现农产品产地价格的变化情况，另一方面作为食品零售价格的先导性指标，能够揭示出农产品批发价格对零售市场以及消费者的影响程度。参照不断更新的指数数值，可以及时了解、分析当前价格水平、市场动态，并对未来价格走势进行预判，进而为调控部门研究制定未来政策提供支撑。

二、提升产业定价话语权

价格话语权是产业竞争力、影响力和辐射力的集中体现，从某种意义上讲，谁的产品价格最有影响力和辐射力，谁就将掌握市场竞争的绝对主动权和优势地位。农产品价格指数能够提供客观、科学、量化的市场价值基准。编制农产品价格指数，能够实现大数据和实体经济的深度融合，逐步引导全国市场的定价，掌握市场主动权，规避市场风险。价格指数发布后，能够通过提升价格话语权和增强品牌影响力助力产业兴旺，从而实现巩固拓展脱贫攻坚成果和乡村振兴的有效衔接，带动经济增长。如奉节脐橙价格指数的发布，让消费者能快速识别奉节与其他地区产的脐橙的差异性优势。

三、讲好品牌故事并产生"品牌溢价"效应

农产品价格指数的编制与发布，实质是通过指数信息将技术指标、质量指标、服务承诺、生产经营主体信用等信息集成后宣传推介，有助于进一步讲好"产业和产品故事"、唱响"产业和产品声音"。持续稳定的价格指数发布，可以持续宣传和推广农产品品牌、提升品牌知名度和识别度，从而进一步提高品牌含金量和产品市场信用度，极大地增强消费者的品牌忠诚度和产品知名度、美誉度，提高"品牌溢价率"。编制和发布农产品价格指数，从客观上有助于推动资源要素的流动，优化资源配置，延长品牌的产业链和价值链，更好地实现品牌价值。如宠物饲料指数和中国遵义朝天椒（干椒）批发价格指数的发布，进一步提高了对河北邢台市南和区和贵州省遵义市两个地区产业品牌的宣传力度。

四、促进产业高质量发展，吸引金融投资

农产品价格指数以产业链的重要环节为重点采价环节，并向上下游信息延展，通过上下游信息进行佐证，有助于打通整个产业链的信息流动，引导产业向高价格、高价值的深加工环节延伸。如全国粮食种子价格指数的编制，将主粮产业向上游延展，提升了整个

产业链价格信息传导的透明度。同时，带质量标的的价格指数可以选择高质量标的为重点采价对象，通过权威机构编制发布，有利于引入保险、期货等风险对冲工具，防范市场价格的大幅波动，从而引导完善价格形成机制，有助于推进特色农产品的标准化生产。如瘦肉型白条猪肉价格指数采用背标厚度 2.5～3.0 厘米、瘦肉率 60% 以上的白条猪肉作为标的产品，有效引导市场价格走势，推动瘦肉型生猪规模扩大。此外，对于现货平台、期货市场上的单品种、组合品种（包括交易市场的组合）类价格指数，可以应用"保险＋期货""订单农业＋保险＋期货（权）"等试点。

第五章　农产品价格指数平台设计

农产品价格指数平台是集合农产品价格基础数据采集、汇总、加工、处理、交互，价格指数编制、审核、展示、发布、解读等功能于一体的，具备完善的系统架构，拥有充分并可动态更新的指数编制方法库，能够保障数据存储、处理、交互验证等各环节安全，并兼顾系统工程师、数据工程师、指数分析师等使用人员需求的工作平台。

第一节　农产品价格指数平台架构

农产品价格指数平台应包括硬件网络层、软硬件基础层、数据层、应用层、展示层五个层次，其中前四个层次仅在系统内部实现，仅展示层可被指数使用人员查看。平台架构如图 5-1 所示。

1. 硬件网络层

硬件网络层是农产品价格指数平台运行所需的硬件与网络环境，主要包括计算机、服务器、信息采集终端、通信网络、安全保密等。

2. 软硬件基础层

软硬件基础层是农产品价格指数平台所依赖的软硬件环境，如操作系统、数据库管理系统、通信接口等。

3. 数据层

数据层是应用系统所需的数据服务，包括农产品价格、交易量等数据抓取、数据汇集、数据清洗、数据加工、数据审核，以及编制、审核后的指数信息存储，实现农产品全产业链数据的自动采集、动态更新、多源数据存储、数据治理等功能。

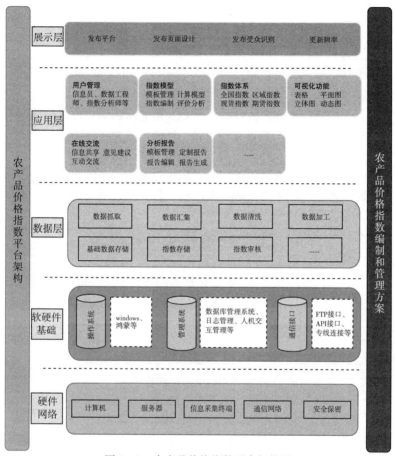

图 5-1　农产品价格指数平台架构图

4. 应用层

应用层是一组应用功能模块集合，主要包括用户管理的权限控制模块、在线交流模块、指数模型算法模块、指数体系可视化展示模块、分析和解读报告等模块，重点在于信息发布的及时性和有效性，以及信息展示的生动灵活性。

5. 展示层

展示层主要实现系列农产品价格指数的体系化展示，至少包括四方面功能。一是发布平台的选择和接口设计。对于现有网址或展示平台，如中国农业信息网，可以将农产品价格指数平台开发接口与中国农业信息网"价格指数"板块链接，如果没有现成的网址或展示平台，则需要单独设计开发农产品价格指数的对外展示页面。二是发布页面设计，包括指数数值、指数体系架构、指数走势、解读报告等内容展示方式的设计。三是发布受众识别，可以根据不同的受众，设计不同的发布页面版式。比如，在发布页面上，可以设置指数走势折线图、柱状图等展示形式的选择项。四是更新频率，即明确指数按工作日、周度、月度等进行更新，确定展示层向应用层更新抓取指数相关信息的频率。

第二节　功能模块设计内容

农产品价格指数平台应至少包括基础数据模块、指数编制模块、发布预览模块、解读报告模块4个功能模块。具体如图5-2所示。

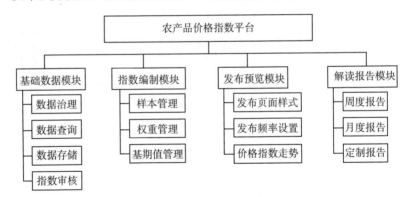

图5-2　农产品价格指数平台功能展示图

1. 基础数据模块

主要包含数据治理、数据查询、数据审核、数据存储等功能。其中，数据治理是指将不同品类（粮食类、油料类、棉麻糖类、烟药茶类、蔬菜水果类、其他农作物类、畜牧业类、渔业类、加工类、其他类）农产品的价格等信息分类整合、入库、储存、审核等。数据查询，一是查询基础数据，可根据企业编号/名称、采集或入库时间、全国区域、各个省份查询农产品价格等基础信息数据；二是查询价格指数，可以根据编制时间或区域、省份查询编制的指数。数据审核既包括基础信息审核，也包括价格指数审核。

2. 指数编制模块

包含样本管理、权重管理、基期值管理等功能，主要是根据农产品价格指数的编制方案，完成样本企业或市场的筛选、权重调整，对定基指数设置固定基期。

3. 发布预览模块

包含农产品价格指数发布页面样式、发布频率设置，指数日度、周度、月度走势等功能。

4. 解读报告模块

包含不同类型的农产品价格指数分析解读报告，如日度、周度、月度、季度、年度报告。

第三节 农业农村部信息中心农产品价格指数平台

农业农村部信息中心开发的农产品价格指数平台包含价格趋势模块、权重管理模块、指数发布预览模块和解读报告模块。其中，价格趋势模块又细分为价格查询、基础数据查询、价格趋势、信息员数据二审等功能；权重管理模块包括企业管理、权重管理、基期值管理等功能；发布预览模块包含三类发布页面模板及已发布指数的测试页面；解读报告模块支撑部分解读报告的自动在线生成，以及部分解读报告的人机交互式生成，包括各类农产品价格指数解读报告等。

农业农村部信息中心编制的农产品价格指数，主要在中国农业信息网上对外发布，采用三级页面展示的方式。一级页面为中国农业信息网"价格指数"栏目（图5-3），二级页面为多个农产品价格指数集成展示页面（图5-4），三级页面为指数的详细展示页面，主要包括指数展示图、指数简介和指数解读报告（图5-5）。

图5-3 中国农业信息网首页

图5-4 农产品价格指数集成展示页面

图 5-5　农产品价格指数具体展示页面

第二篇

国际农产品价格指数案例

第六章 FAO食品价格指数

食品价格指数是反映不同时期食品价格水平的变化方向、趋势和程度的经济指标，是一种经济指数，通常以报告期和基期加权数值相除所得相对数来表示。食品价格指数是研究食品价格动态变化的一种工具，为制定、调整和检查各项经济政策，尤其是价格政策提供依据。为研究国际食品安全形势，综合掌握价格走势，联合国粮食及农业组织（FAO）持续编制和发布FAO食品价格指数（FAO Food Price Index，FFPI），被广泛关注和使用。

第一节 指数编制背景

FFPI于1996年推出，作为一种公共产品，一直帮助监测全球农产品市场的发展情况。截至目前，对FFPI所做的主要修改是在2009年将它的基准期更新为2002—2004年。在2008年农产品价格大幅上涨期间，FFPI作为反映发展中国家潜在粮食安全问题的一个衡量指标发挥了突出的作用。除2009年和2010年外，农产品价格与2008年前相比一直处于相对较高的水平。

后来①，为了确定是否有必要再次修改基准期，以反映2007年后交易模式的变化，FFPI以3个不同基期年份（2008—2010年、2009—2010年和2009—2011年）分别进行了重新计算，发现不需要进行基期调整，但在这次更新中，完善了大宗商品价格报价范围。更新后的FFPI指数通过与其他价格指数进行比较发现，比

---

① 联合国粮食及农业组织的相关材料没有明确记录再次评估基期的时间，但根据其使用的数据资料看，大约在2014年前后。

拉斯拜尔（Laspeyres）形式的 FFPI 具有更优良的特性，例如更强的一致性和稳健性，还能用来作为评估粮食安全问题的一个可能性指标。更新后的 FFPI 指数相较于更新前，所纳入的大宗商品的大类没有发生明显变化，只是对部分大类商品中个别商品或其价格来源进行了更新。如在谷物类指数中，原来的 FFPI 小麦指数替换为使用国际谷物协会（IGC）基础价格数据编制的小麦指数；在肉类指数中，两个既有报价被能够实现月度更新的新序列替代；由于缺乏可靠的数据，酪蛋白价格从乳制品类指数中取消，但通过增加黄油、全脂奶粉和脱脂奶粉报价，使指数所涵盖的乳制品范围扩大；最后，鱼油、牛脂价格从油类指数中取消，一方面的原因是缺乏数据，另一方面的原因是通过只包括植物油的价格实现油类指数组内商品价格走势保持一致。

第二节　指数编制方法

一、指数框架

目前发布的 FAO 食品价格指数包括 23 种大宗商品 73 个价格序列，分别为：谷物类，包括小麦（IGC 监测的 10 份报价）、玉米（1 份报价）和大米（16 份报价）；乳制品类，包括黄油、全脂奶粉、脱脂奶粉（各 2 份报价）和奶酪（1 份报价）；肉制品类，包括家禽（13 份报价）、猪（6 份报价）、羊（7 份报价）、牛（1 份报价）；糖（1 份报价）；食用油类，包括大豆油、葵花籽油、菜籽油、花生油、棉籽油、椰子油、棕榈仁油、棕榈油、亚麻籽油和蓖麻油等产品（各 1 份报价）。

二、指数编制公式

1. FFPI 指数通用的拉氏指数形式

$$FFPI_t = LI_t = \sum_{i=0}^{n} s_{i0} \left(\frac{P_{it}}{P_{i0}} \right) \qquad (6-1)$$

式中，t 为月度时间；s_{i0} 是第 i 个商品的全球出口额占指数覆盖的

23 个农产品的全球出口总额的比重，使用基期（2002—2004 年）所包含年份对应的比重的平均值来测算；P_{it} 是第 i 件商品在时间 t 上的价格取值；P_{i0} 是第 i 件商品在基期，即三年的价格平均值。

对于目前发布的 FFPI 指数，基期是 2002—2004 年。因为农产品价格自从 2008 年显著上涨后持续维持在高于 2008 年前的水平。2013 年曾做了一个测试：在基期调整、权重变化的情况下，指数是否受到显著影响？基期的选择主要受限于 FAOSTAT 贸易数据的可获得性。2007 年以后，2009 年和 2010 年的农产品价格均处于历史低位并低于其他年份，为此选择 3 个不同基期来评估基期选择对 FFPI 指数的影响，这 3 个基期分别为 2008—2010 年、2009—2010 年和 2009—2011 年。

以三个不同基期计算得到的指数运行走势（图 6 - 1）看，3 个指数的基准水平存在差异，但随着时间延展，3 个指数逐步靠近。经测算，3 个指数相关系数高达 0.999 9 以上。根据这次测试，主要获得了两个结论：一是可以继续沿用 2002—2004 年的基期，二是 2009 年更新的指数可以稳健地刻画全球范围农产品的价格走势。

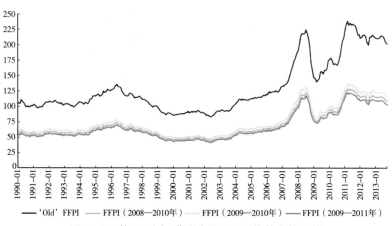

图 6 - 1 使用不同基期的新旧 FFPI 指数走势比较

数据来源：FAO 食品价格指数技术手册。

2. FFPI 指数的几何拉氏指数形式

FFPI 指数除了在构建指数时使用不同的基准周期进行比较，还计算了相较于拉氏指数形式更多理想属性的不同价格指数公式，并进行比较。首先，使用固定基期的几何拉氏指数：

$$GLI_t = \prod_{i=1}^{n} \left(\frac{P_{it}}{P_{i0}} \right)^{s}_{i0} \qquad (6-2)$$

式中，s_{i0}、t、P_{it} 和 P_{i0} 的定义和式（6-1）相同。

3. FFPI 指数的其他形式

其他形式主要有派氏、费舍尔和汤氏-泰尔指数形式，用于解决拉氏指数存在的不足。其中，费舍尔和汤氏-泰尔指数被称为"理想的"或"最好的"指数，它们在两个比较期内平等地利用价格和数量，并采用一致性的操作方法。

派氏指数是相对平均值，是将价格序列用对应时期的权重求得的加权平均数，具体形式：

$$PI_t = \left[\sum_{i=1}^{n} s_{it} \left(\frac{P_{it}}{P_{i0}} \right)^{-1} \right]^{-1} \qquad (6-3)$$

其中，式（6-1）、式（6-2）中出现的变量及其对应的含义在式（6-3）中同样适用，s_{it} 表示在 t 年第 i 个农产品的全球出口额占该指数所包含的 23 个农产品的全球出口总额的比重，这里使用年度贸易数据主要是因为月度数据获取的可能性较差。

费舍尔指数是拉氏指数和派氏指数的几何均值，即

$$FI_t = \sqrt{LI_t \cdot PI_t} \qquad (6-4)$$

汤氏-泰尔指数是以当前权重和基期权重的平均值为权重，对当前价格与基期价格的相对价格求得几何均数，即

$$TT_t = \prod_{i=1}^{n} \left(\frac{P_{it}}{P_{i0}} \right)^{\frac{s_{i0}+s_{it}}{2}} \qquad (6-5)$$

其中，各变量的定义与式（6-1）、式（6-2）、式（6-3）一致。

由 FFPI 的 4 种指数形式走势可以看出，这 4 种形式的取值没有显著差异（图 6-2）。因为使用基期权重计算的指数不需要计算最近 2 年的情况，拉氏指数仍然是监测和评估全球范围农业市场近

期发展情况的首选指数。该指数的一个优点是，当它通过将月指数或月价格进行平均计算获得年价值时，会产生一致的结果；而且，无论该指数是作为单个价格的平均值还是作为五个商品组的子指数的平均值来计算，也会得到同样的结果。

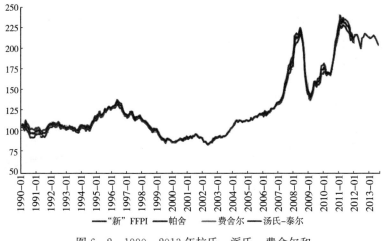

图 6-2　1990—2013 年拉氏、派氏、费舍尔和
汤氏-泰尔价格指数走势

第三节　指数应用

一、全球农产品价格指数走势分析

1. 次贷危机后全球经济危机与粮食危机交织出现

2007 年 3 月 13 日，美国第二大次级抵押贷款机构——新世纪金融公司因濒临破产被纽约证券交易所停牌，标志着美国次贷危机的爆发。随后，美国股市受到重挫，花旗、美林、瑞银等世界知名的金融机构纷纷卷入次贷危机的漩涡。由危机带来的消极影响迅速在全球金融市场蔓延，影响范围向实体经济扩散。次贷危机首先带来了国际金融格局的转变。由于危机引发金融市场崩溃，以往流入金融市场的国际资本失去了牟利机会，从而将投资目标向大宗商品

期货市场等实物领域转移，诱发国际能源和粮食价格大涨。典型的大宗商品原油的价格在危机爆发后短短几个月内由之前的每桶 60 美元左右飙升至每桶 130 美元以上。

从 FAO 发布的食品价格指数来看，国际粮食价格也在次贷危机爆发后一路上扬，直至 2008 年 6 月达到 184.9 点的高点，当月谷物类、油和油脂类产品价格达到了危机爆发前两倍以上的水平。这一形势虽然在 2009 年有所缓解，但 2010 年下半年又再次进入快速上升通道，价格水平创下 2007 年以来的新高（图 6 - 3）。

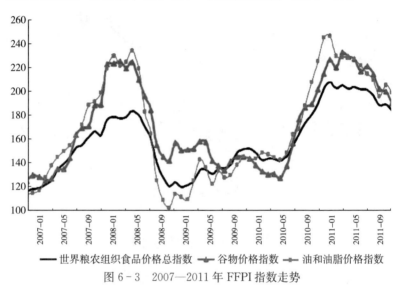

图 6 - 3　2007—2011 年 FFPI 指数走势

危机带来的重要影响之一是国际投资和贸易格局的变化。危机爆发前，美国是世界最大的经济体和最大的资本市场。因其经济增长在危机爆发后明显放缓，美元开始出现疲软，引发国际资本区域间的重新配置，国际资本流向随之改变，导致国际投资及贸易格局的调整。在贸易方面，发达国家开始盛行贸易保护主义，新兴市场经济在国际上占有越来越大的比重。

危机爆发后，美国进行了积极的干预，实施了激进持续的量化宽松货币政策，为金融市场注入了大量的流动性资金，并将联邦利率保持在较低水平，以刺激经济复苏。美国等发达国家实施的量化宽松货币政策加剧了全球流动性过剩的风险，从外部加大了新兴经济体的通货膨胀压力。

显然，由美国次贷危机引发的连锁反应形成了全球的新型综合危机，即粮食价格、能源价格以及世界经济失衡的综合危机。

2. 俄乌冲突背景下 FFPI 指数创新高

俄罗斯、乌克兰所在的黑海地区一直被称为"世界粮仓"，其中俄罗斯是全球最大的小麦出口国，乌克兰是全球最大的葵花籽油出口国。两国小麦合计出口量占全球总出口量的 30% 左右，玉米出口量占 20%，葵花籽油出口量占 80%。该地区生产和出口环节遇到的任何中断都将影响供应链。尤其是对粮食供应严重依赖俄乌出口的中东和北非地区的一些国家，其粮食安全问题更为脆弱。

2022 年 2 月俄乌冲突爆发，引发全球粮食供应担忧，导致农产品价格波动加剧。2022 年 2 月 FAO 食品价格指数 140.7 点，环比上涨 3.9%，同比上涨 20.7%。具体来看，由于黑海地区供应中断，市场对葵花籽油出口减少的担忧推高葵花籽油、豆油、棕榈油等价格，植物油价格指数领涨，环比上涨 8.5%，创历史新高。在供应受阻影响相关谷物出口的情况下，谷物价格指数环比上涨 3%，其中，国际小麦价格上涨 2.1%，国际玉米价格上涨 5.1%。在地缘局势推高相关农产品价格前，受疫情冲击供应端、量化宽松货币政策等因素叠加影响，国际粮价已呈上涨态势。3 月食品价格指数再创新高，达到 159.3 点，同比上涨 33.6%，环比上涨 12.6%，创自 1990 年指数设立以来的历史新高，主因是谷物和植物油价格大幅上涨。其中，谷物价格指数同比上涨 37.3%，环比上涨 17.1%，创历史新高。3 月小麦价格上涨 19.7%，主因是俄乌冲突对两国小麦出口的影响以及市场对美国小麦减产的担忧。3 月玉米价格上涨 19.1%，主因是乌克兰玉米出口预期大幅下降以及农资和燃料成本高企。3 月高粱和大麦价格分别上涨 17.3% 和 27.1%，植物油价格指数同比上涨 56.1%，环比上涨 23.2%，创历史新高。黑海局势恶化导致出口供应减少，推动葵花籽油价格持续上涨，进一步带动棕榈油、豆油和菜籽油进口需求增加，造成价格快速上涨。此外，棕榈油主产国持续供应紧张、市场对南美大豆出口减少的担忧以及原油价格高企，进一步促使植物油价格上涨。从 2022 年 4 月开始，随着俄乌局势常态化以及市场恐慌心理逐步平稳，食品价格指数开始回落，到 9 月已累计 6 个月下行，达到 136.3 点，环比下降 1.1%，但仍较去年同期高出 5.5%。主因是国际植物油价格大幅下跌，抵消了谷物价格上涨的影响。

二、对存在食物危机的发展中国家（FDDCs）的重点研究

FFPI 是重点关注脆弱的发展中国家的全球性食品价格指数，但对于脆弱发展中国家的粮食不安全问题，该指数不是一个可以单独用于评估粮食价格对粮食安全造成影响的指标。具体表现在：

第一，农产品的全球出口份额不一定能充分反映发展中国家的农业进口结构或家庭消费的结构；

第二，每种农产品使用的国际商品价格可能无法代表发展中国家实际进口的单位成本；

第三，发展中国家家庭支付的实际价格可能与边境价格有很大的不同，因为他们向当地国内市场的流通可能会受到许多其他因素的影响，例如汇率或贸易政策的变化。

因此，为了确定当发展中国家（FDDCs）的价格及其进口商品的价值份额因食物危机发生调整时，FFPI 受到的影响程度，需要计算另一个指标：

$$LI_{(\text{FDDC})t} = \prod_{i=1}^{n} s_{(\text{FDDC})i0} \left(\frac{P_{it}}{P_{i0}} \right) \qquad (6-6)$$

式中，$s_{(\text{FDDC})i0}$ 是 FDDCs 进口的 23 种农产品金额中第 i 个农产品进口额的占比，计算的是基期所包含的几年中占比的均值。其他变量的定义与式（6-1）一样。

FFPIMVs 指食物危机期间发展中国家的实际出口价格和这些商品进口额（IUVs）的加权算术平均值。

从图 6 - 4 可以看出，2007 年前，FFPI 多数时间在基于 FDDCs 测算的指数值之上，这说明 2002—2004 年 FDDCs 消费的一揽子食品的成本低于 FFPI，2007 年以后，因出口额占比调整，FDDCs 消费的一揽子食品成本高于 FFPI。2008 年价格的显著上涨很可能导致这些国家改变进口商品的组成比例，这主要取决于商品之间的替代关系，也就是说对于每个商品选择相对更便宜的形式（例如便宜的肉类或加工品的形式）。从两个指数走势可以发现，它们彼此非常密切（它们之间的相关系数等于 0.96），而且直到 2004 年 IUV 平均值高于出口价格的平均值，平均幅度超过 6%。然而，从 2004 年开始，二者的情况发生了逆转（2009 年 IUV 低于出口价格的情况除外）。后者表明，价格大幅度上涨可能迫使脆弱发展中国家改变了其进口商品产品结构。

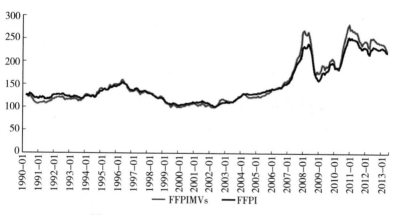

图 6 - 4　FFPI 和 FFPIMVs 指数走势比较

第七章　国际棉花价格指数

棉花是纺织品中应用最为广泛的天然纤维，棉花产业的高外向性使其从生产采摘到纺织销售各环节都具有显著的全球化特性。为了便于棉花贸易和定价，不少国际机构、国家、跨国公司都尝试编制棉花价格指数。目前在国际棉花现货市场定价时普遍使用的、反映国际棉花市场现货价格水平的价格指数是 Cotlook 棉价指数，故本章重点介绍该指数。Cotlook 棉价指数分 Cotlook A 棉价指数和 Cotlook B 棉价指数，报价单位为美分/磅，常被行业内用来了解和评价国际棉花市场现货价格运行情况。

第一节　指数编制背景

一、全球棉花产业规模总体稳定

从美国农业部近 30 年数据看，1990/1991 年度至 2021/2022 年度（2016/2017 年度除外）全球棉花收获面积稳定在 3 000 万公顷以上，产量稳定在 2 000 万吨以上。具体看，1990/1991 年度至 2000/2001 年度的 10 个年度期间，全球棉花收获面积 3 072 万～3 592 万公顷，产量 1 691 万～2 073 万吨，单产每公顷 549～606 千克。2001/2002 年度至 2010/2011 年度的 9 个年度期间，全球棉花收获面积 3 019 万～3 566 万公顷，产量 1 982 万～2 671 万吨，单产每公顷 636～795 千克。2011/2012 年度至 2021/2022 年度的 10 个年度期间，全球棉花收获面积 2 976 万～3 606 万公顷，产量 2 094 万～2 770 万吨，单产每公顷 681～800 千克。其间，2011/2012 年度的全球棉花收获面积和总产最高，分别为 3 606 万公顷和 2 770 万吨；2017/2018 年度全球棉花单产最高，为每公顷 800 千克。

二、全球棉花贸易存在"小世界"和"社区化"两大特征

早在工业革命时期，棉花的种植生产和消费在空间分布上已存在显著差异，贸易全球化特征明显。全球棉花贸易网络整体结构主要有两方面特征：一方面存在"小世界"特征，即两个独立国家（地区）由彼此建立贸易关系的共同国家（地区）连接，棉花贸易往来减少，意味着多数国家更趋向与其直接或间接熟悉的国家合作，从而形成多个贸易社区。综合来看，这主要伴随全球纺织业的快速发展，中国作为崛起的全球纺织中心，国内原棉长期供不应求，产生大量的进口需求，在很大程度上集中吸收、消化了全球棉花产量。另一方面，参与棉花贸易的国家数量较为稳定，大部分国家都进入棉花的生产或消费过程中，棉花贸易全球化程度较高；在全球棉花贸易量增长的态势下，棉花贸易合作呈现集中化，因此贸易"社区化"现象逐渐明显。

三、全球棉花贸易格局不断演变

2001—2019年，全球棉花贸易格局出现两次明显调整。前十年中国纺织产业的快速发展推动了全球棉花贸易第一阶段的繁荣，而后十年主要棉花消费国间的棉花进口量差距显著缩小。随着人工成本的不断上涨，中国不再是初级纺织生产转移的最优选择，棉花进口需求向越南、孟加拉国等南亚及东南亚国家转移，这标志着全球棉花贸易第二阶段的繁荣。同时，这一阶段世界棉花进口格局再次调整，由此可见承接加工、贴牌生产的低端制造业能带来红利的时间相当短暂。2019年，棉花贸易格局中排前五位的国家依次为中国、越南、孟加拉国、土耳其、印度和巴基斯坦，这些国家的共同特点是劳动力资源丰富，同时这些国家也是全球纺织品出口前列的国家。

为提高国际棉花贸易的信息透明度，防控价格风险，Cotlook棉价指数应运而生。

第二节 指数编制框架

Cotlook 棉价指数是反映国际棉花市场现货价格水平的一个指标，由英国考特鲁克（Cotlook）公司于 1966 年开始发布，初始发布价是 31.05 美分/磅。在指数发布的几十年中，随着国际棉花贸易格局的变化，计算指数的基准质量和地区也发生了变化。

在指数发布之初，Cotlook 棉价指数一直以 CIF 北欧到岸价为基准，包括 Cotlook A 棉价指数和 Cotlook B 棉价指数。

Cotlook A 棉价指数，有时也称为北欧 NEA 指数，是指国际贸易中 15 个主要陆地棉品种中 5 个最低报价的平均值。Cotlook A 指数的基准质量标准是中级（M 级）、长度为 1-1/32 英寸的棉花。报价的地理基础是北欧，所报的条件为到岸价 CIF（即进货成本价、国内费用、国外运费、国外保险费、净利润之和）。或者说，Cotlook A 指数是指每日国际上 15 个陆地棉品种折算成 M 级 1-1/32 英寸运到北欧报价中 5 个最便宜报价的平均价。这 15 个棉花品种是孟菲斯、乌兹别克斯坦、墨西哥、土耳其、坦桑尼亚（2 类 RG）、加利福尼亚、巴基斯坦（1503）、澳大利亚、印度（H-4/Mech-1）、巴拉圭、中国（329 级）、非洲（法郎区）、希腊、叙利亚、西班牙。由于全球棉花消费逐渐转移到亚洲地区，Cotlook 公司于 2003 年 3 月开始发布 CIF 亚洲到岸价（FE）棉价指数，即 Cotlook A（FE），并于 2004 年 8 月 1 日起将 Cotlook 棉价指数的内涵定义为 CIF 亚洲到岸价。于是，Cotlook A 棉价指数，又可以分为远东指数和近东指数，即 Cotlook A（FE）和 Cotlook A（NE）棉价指数。

Cotlook B 棉价指数是自 1972 年开始引进的，用于"粗支"棉，其通常用于生产粗支纱。它是指每日国际上 8 个陆地棉品种折算成 SLM 级 1-1/32 英寸运到北欧的报价中 3 个最便宜报价的平均价。这 8 个陆地棉品种是美国奥尔良/得克萨斯（SLM 级 1-1/32 英寸）、乌兹别克斯坦、阿根廷（C-1/2 级）、印度（J-34）、中国（527级）、巴西（5/6，1-1/16英寸）、巴基斯坦（Afzal 1-1/32英寸）、土耳其（Adana Std. I RG）。随着欧洲棉花消费进一步萎缩，Cotlook公司宣布从2008年8月1日停止发布Cotlook B棉价指数。

第三节　指数编制方法

一、基准质量标准和指数计算方法

Cotlook棉价指数是同一等级的19个棉花品种中5个最便宜报价的平均值。在19个棉花品种中，非洲国家包含科特迪瓦、布基纳法索、贝宁和马里，这几个国家的棉花产量占非洲法郎区的70%，但为了避免该指数被非洲品种支配，因此每天在计算指数的过程中最多只包含2个非洲品种。

Cotlook A棉价指数是国际陆地棉贸易中选择15个国家中5个最低的北欧现货到岸价的CIF平均值。A指数的基准质量标准是M级1-3/32英寸（相当于中国三级，28毫米长度）。

Cotlook A（FE）棉价指数的质量标准是M级1-3/32英寸（相当于国内白棉三级，即3128B棉花），根据亚洲口岸为到港目的地的到港价CNF价格（成本加运费）采集的，折算成M级1-1/32英寸运到北欧的报价的19个棉花品种中最便宜的5个报价的平均值。

二、"双指数系统"和"双轨制"模式

每个棉花市场年度末期，为了反映市场上新花价格，Cotlook公司开始发布下年度的新花价格，实行"双指数系统"。即在每一年的某一段时间内发布两组指数报价，一个代表即期装运，另一个代表远期装运（通常是北半球的新花）。

"双轨制"模式包含两个指数系列（当前指数代表本年度的近期报价，新棉指数代表下一年度的远期报价），新棉指数一般在年度后期与当前指数同时发布，计算方法与当前指数相同。新年度开

始时，新棉指数将转为当前指数。由于北半球 10 月和 11 月新棉大量上市，因此选择报价时，一般选择 10 月/11 月装运期（多于 8 月/9 月），代表下年度 10 月/11 月以后装船的棉花价格。新棉指数开始发布的时间不固定，当能够采集到足够多的远期价格时，新棉指数将会生成，这完全依赖于市场环境。新棉指数历史上曾经最早 2 月份发布过，但也曾在 5 月才开始生成。另外，在每年 1 月 1 日之前，计算指数时通常忽略南半球的新棉报价，无论它是否是最便宜的价格之一，主要是因为南半球的棉花贸易量占全球比重偏低。

三、Cotlook 价格指数折算国内棉花价格

1. 一般贸易进口方式

将 Cotlook 棉价指数折算成国内价格进行比较时有几个常数指标：1 美元＝7 元（每月浮动），1 吨＝2 204.62 磅，港口费用约 200 元/吨，各港口有所不同。以 2008 年 6 月 5 日至 10 月 5 日为例，因临时滑准税政策[①]，折算时应加上进口棉花的关税（滑准税率计算）和增值税。也就是说，对配额内进口棉花，当外棉完税价低于 11 914 元/吨的棉花，按照关税税率公式 $Ri = \dfrac{8\,686}{完税价格} + \dfrac{2.252\,6\% \times 完税价格}{1\,000} - 1$ 计算。当外棉完税价高于或等于 11 914 元/吨时，按照 357 元/吨征收从量关税。

例如，配额内进口棉花的关税（3%）和增值税（13%），则进口棉花总税率为 16.39%。

某日配额内进口棉花的 Cotlook A 棉价指数为 61.05 美分/磅，折算人民币为：61.05×2 204.62×7×0.01＝9 421 元/吨，加上关税和增值税相当于 9 421×(1＋16.39%)＝10 965 元/吨。

---

① 财政部从 2008 年 6 月 5 日至 10 月 5 日对配额外进口的一定数量棉花实施临时滑准税政策，将进口价格较高的高品质棉花适用的从量税从 570 元/吨降低至 357 元/吨，相当于将棉花滑准税由 5%～40%降至 3%～40%，并从 10 月 6 日起恢复目前的滑准税。

某日配额外进口高价棉花的 Cotlook A 棉价指数为 82.00 美分/磅，按滑准税率，计算完税价格 $82 \times 2\,204.62 \times 7 \times 0.01 = 12\,655$ 元/吨，由于 $12\,655 > 11\,914$，因此加上关税、增值税和港口费用相当于 $12\,655 \times (1 + 13\%) + 357 + 200 = 14\,857$ 元/吨，则每磅 82 美分的到岸价折合为 14 857 元/吨。

2. 加工贸易进口方式

加工贸易进口棉花免征增值税和关税，同口径比较，如果交易市场内成交的棉花经加工以纺织品形态出口，则应以纺织品的出口退税 13% 计算。例如，某日交易市场的平均成交价格为 11 780 元/吨（不含运费），加工为纺织品后棉花折价为 $11\,780 \div 1.13 \times 1.17 \times 1.08 = 13\,172.8$ 元/吨（纺织品增值税 17%，21 支纱的加工损耗按照 8% 计算），其离岸价格中的棉花成本应为 $13\,172.8 \times 85\% = 11\,197$ 元/吨。

第四节　指数运行分析

一、中国和国际棉花现货价格指数的走势比较

中国棉花价格指数选用 3128B 棉价指数，国际棉花价格指数选用 Cotlook A（FE）棉价指数。选用的时间区间为 2014—2015 年，即中国棉花目标价格政策实施前后。

1. 价格指数波动比较

从 2014 年和 2015 年中国棉花 3128B 棉价指数与实行 1% 关税后的国际棉花价格指数 Cotlook A（FE）棉价指数走势对比可以发现，中国棉花价格指数相对国际棉花价格指数来说始终保持在一个高位；2015 年中国棉花价格指数由于供应充足及下游企业需求疲弱，延续着 2014 年的下降趋势，甚至跌破了每吨 13 000 元；国际棉花价格指数在 2014 年整体为振荡下跌走势，2015 年期间缓慢波动下跌；中国棉花与国际棉花价格指数之间的差距逐渐缩小，两类价格指数的差价从每吨 6 000 元左右下降到 1 200 元左右（图 7 - 1）。

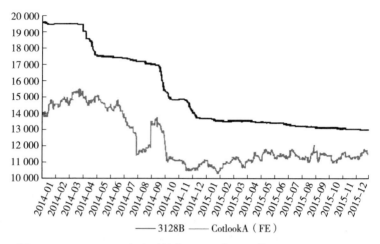

图 7-1 2014—2015 年中国棉花 3128B 与国际棉花 Cotlook A（FE）
棉价指数走势

2. 中国与国际棉花价格指数差额变动的原因分析及影响

中国棉花价格持续高于国际市场的棉花价格，尤其是在中国棉花目标价格政策实施前，中国和国际棉花价格差价高达每吨4 000～6 000 元，并呈稳中有升的趋势。棉花内外价差是中国棉花临时收储制度的托市效应、棉花进口配额限制和国际棉价持续走低三种因素共同影响下的产物，使国内棉花价格的形成与国际脱轨，导致国内外棉花价差进一步扩大。居高不下的国内棉价促使很多纺织企业放弃对国内棉花的采购，而将其原料需求转向国际市场，降低了对国内棉花的需求。有些投资者受棉花进口配额的限制而去国外投资建厂，因为在原料、管理、机械化等方面的优势可以抵消劳动力成本上的劣势，这对我国纺织企业发展产生较大的冲击。随着 2014 年以来中国实施棉花目标价格改革试点，国内棉花价格与国外市场产生紧密联动，与国际棉花的价差也从每吨 6 000 元缩小到 1 200 元左右，棉花产业正向着健康、可持续的方向发展。

二、国际棉花现货价格指数与期货价格的走势分析

棉花产业链很长，连接着棉农、棉花加工厂、棉花贸易企业、纺织企业、服装企业和消费者，棉花价格的波动牵动着整个产业链以及相关产业。2008 年 8 月至 2015 年 5 月，国际棉花现货价格（Cotlook A 棉价指数）最高达到 229.67 美分/磅，最低为 51.5 美分/磅，最高与最低相差 4.46 倍。棉花价格暴涨暴跌，给整个棉花产业链带来了极大的冲击，纺织企业大量关停，港口大量棉花积压，贸易商损失巨大。为此，本书选择 2008/2009—2014/2015 年度价格走势进行深入分析。

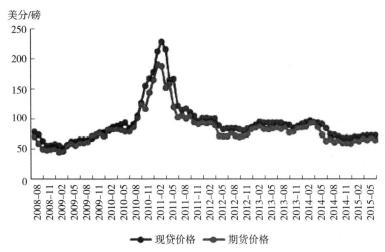

图 7 - 2　2008/2009—2014/2015 年度国际 Cotlook A 棉价指数和棉花期货价格

总体看，2008/2009—2014/2015 年度国际棉花现货和期货价格整体走势基本一致，大致可分为 8 个阶段（图 7 - 2）。

第一阶段：2008 年 8 月—2009 年 3 月。这一阶段棉价呈下跌态势，主要原因是 2007—2008 年金融危机导致全球经济低迷，棉花需求量大幅减少。起始于 2007 年 9 月的金融危机，开始于从事按揭证券化的金融机构，但很快蔓延到大型金融机构，最终演变成

美国乃至世界的金融危机。作为工业原料，棉花消费与国际经济环境密切相关。金融危机使全球经济减速、消费疲软。国际货币基金组织（IMF）数据显示，2008 年全球经济增长率为 3.7%，比 2007 年下降 1.7 个百分点，2009 年上半年继续下滑。2008 年 8 月 Cotlook A 棉价指数为 78.05 美分/磅，到 2009 年 3 月为 51.5 美分/磅，下降 34.02%。

第二阶段：2009 年 4 月—2010 年 8 月。这一阶段国际棉花价格呈稳步上升态势，主要原因是世界经济出现好转、新年度世界棉花产量下降、投机资金介入等。世界银行（IBRD）报告显示，全球经济 2009 年下半年开始恢复性增长。2009 年 4 月 Cotlook A 棉价指数为 56.57 美分/磅，到 2010 年 8 月为 90.35 美分/磅，上涨 59.71%。

第三阶段：2010 年 9 月—2011 年 3 月。这一阶段国际棉花价格出现历史性的暴涨，主要原因是下游消费恢复，欧美市场需求旺盛；全球棉花供应紧张、库存偏低；全球流动性充足，投机资金涌入等。2010 年 4 月，国际货币基金组织认为全球经济从衰退中复苏的速度快于预期，并上调 2010 年全球经济增速预估至 4.2%，表明全球经济持续好转。加上全球棉花呈历史性低库存、供需前景紧张以及投机资金的推波助澜，导致 Cotlook A 棉价指数上涨幅度达到 1.19 倍。

第四阶段：2011 年 4 月—2011 年 9 月。这一阶段国际棉花价格出现历史性的暴跌，主要原因是 2011 年 3 月以后，国际政治、经济环境与金融局势风波迭起、极不平静，引发全球市场震荡。日本大地震与海啸、欧美对利比亚实施打击、标准普尔全球公司（S&P Global）降低美国主权信用评级以及意大利和西班牙爆出的债务问题，导致美元指数大幅上升、商品价格大幅下跌。同时，全球棉花产量增加 8.4%，消费量下降 9.97%，全球棉花市场预期供大于求，Cotlook A 棉价指数下跌幅度达到 54.4%。

第五阶段：2011 年 10 月—2012 年 6 月。这一阶段国际棉花价格持续下跌，主要原因是全球经济复苏进程放缓，棉花消费疲软。2011—2012 年，欧美和日本经济发展不佳，一些新兴经济体增速也有所下降，全球经济复苏进程放缓。同时，化纤等人造纤维对棉花的替代性增强，各种因素叠加，导致棉花消费持续疲软。Cotlook A棉价指数从 2011 年 10 月的 110.61 美分/磅跌到 2012 年 6 月的 82.18 美分/磅，下跌 25.7%。

第六阶段：2012 年 7 月—2013 年 4 月。这一阶段国际棉花价格缓慢回升，主要原因是全球棉花面积、产量均同比下降，消费回升，但库存量持续增加，库存消费比处于历史高点，仍延续供过于求的格局。Cotlook A 棉价指数从 2012 年 7 月的 83.97 美分/磅上涨到 2013 年 4 月的 92.68 美分/磅，涨幅为 10.37%。

第七阶段：2013 年 5 月—2014 年 11 月。这一阶段国际棉花价格持续下探，Cotlook A 棉价指数下跌 27.18%，主要原因是 2013/2014 年度世界棉花产量仍然大于消费量，库存消费比创历史新高，全球棉花供给宽松；中国出台目标价格补贴政策，去库存压力较大。

第八阶段：2014 年 12 月—2015 年 7 月。这一阶段国际棉花价格呈盘整态势，主要原因是中印消化巨量储备，棉花产量变化不大，下游市场消费长期低迷，棉花市场基本面和大宗商品宏观面的因素相互叠加。国际棉花价格平稳运行，Cotlook A 棉价指数在 67～73 美分/磅区间波动。

第八章　黑海地区谷物价格指数

黑海沿岸分布着广袤的黑土地，机械化耕作程度很高，加上中高纬度地区光照时间长，很适宜种植谷物，是国际重要粮仓，其中俄罗斯和乌克兰等国生产的小麦、玉米和大麦等农作物为欧洲、非洲、亚洲等地提供了大量粮食。因此，黑海地区在国际谷物贸易中具有重要地位，相关产销地市场主体和国际贸易商对该地区的现货市场价格和基准指数有较大的需求。

第一节　指数编制背景

一、黑海地区的重要地位

黑海是东欧内陆和中亚、高加索地区出地中海的主要海路，在航运交通、大宗商品贸易和战略安全上具有重要地位。黑海沿海国家有土耳其、保加利亚、罗马尼亚、乌克兰、俄罗斯和格鲁吉亚。其中，以乌克兰、俄罗斯为主的沿海地区具有地势平坦开阔、水资源丰富、黑土分布广泛、工业基础良好和交通运输枢纽等得天独厚的禀赋，是世界主要粮食产地之一，被称为欧洲的"面包篮子"。2021年，俄罗斯和乌克兰小麦出口约5 300万吨，占全球贸易量的26%；玉米出口约3 700万吨，占全球贸易量的20%。据联合国世界粮食计划署（WFP）统计，该地区粮食年产量足以养活4亿人口。

黑海沿岸重要港口有乌克兰的敖德萨、保加利亚的布尔戈斯、罗马尼亚的康斯坦察和土耳其的伊斯坦布尔等。据法国船舶经纪公司（Barry Rogliano Salles）数据显示，黑海地区是2021年全球第二大粮食出口地区，货运量为1.112亿吨，主要以干散货为主。

二、黑海小麦和玉米价格指数

由于黑海地区谷物在国际贸易中的重要地位，其价格备受欧洲及全球谷物贸易商关注。普氏指数公司（Platts）从 2014 年开始为欧洲主要产销区市场主体和贸易商提供黑海小麦和玉米价格指数以及相关分析报告。目前，主要包括 5 个黑海地区谷物价格指数，即黑海小麦（乌克兰）指数、黑海小麦（俄罗斯）指数、亚速海①小麦指数、马尔马拉海②小麦指数、黑海玉米指数。该指数体系主要聚焦来自俄罗斯和乌克兰的谷物供应，也包括来自哈萨克斯坦、罗马尼亚、保加利亚、塞尔维亚和匈牙利的谷物出口。

编制发布黑海小麦和玉米价格指数的普氏指数公司隶属于标准普尔全球公司，总部位于伦敦，在五大洲的全球商业和能源中心设有 19 个全球办事处，业务范围覆盖石油、农产品、天然气、电力、煤炭、船运、石化和金属等国际主要大宗商品，提供实时资讯、市场报告、分析、估价和基础数据等服务。在农产品方面，普氏指数公司提供糖、谷物、油籽、植物油、饲料和生物燃料等相关产品的现货价格指数。

第二节　指数编制作用

近年来，受气候变化、政治局势和金融动荡等因素影响，全球农产品市场形势趋于复杂，粮食价格波动加剧。2019 年以来全球食品价格持续上涨，2022 年 3 月联合国粮食及农业组织（FAO）全球食品价格指数 159.7 点，创指数自 1990 年设立以来的最高水平，超过了 2008 年（132.5 点）和 2011 年（137.6 点）两次全球性粮食危机时的高点。其中，小麦和玉米国际价格也是大涨大跌。国际小麦价格从 2021 年初的 5.91 美元/蒲式耳快速波动上涨，

---

① 东欧的陆间海，西临克里米亚，北临乌克兰，东临俄罗斯，属于黑海海峡。
② 土耳其内海，是黑海与地中海之间的唯一通道，属于黑海海峡。

2022 年 5 月达到近十余年的最高值 13.37 美元/蒲式耳，之后又快速下跌至 8～10 美元/蒲式耳水平。国际玉米价格从 2021 年初的 4.33 美元/蒲式耳快速上涨，2021 年 5 月达到 8.35 美元/蒲式耳，之后价格围绕 8 美元/蒲式耳上下大幅波动（图 8-1）。由于黑海地区谷物产量和出口量占据全球重要位置，其价格波动备受全球谷物贸易商关注，加上 2022 年初以来，俄罗斯和乌克兰的政治局势对市场形成更大压力，国际小麦和玉米价格波动水平大幅上升。针对上述情况，普氏指数公司的黑海地区谷物价格指数提供了较为可靠、准确和及时的价格信息，有利于减少市场极端情绪和非理性购销行为，对全球谷物生产和贸易具有重要指导和参考意义。

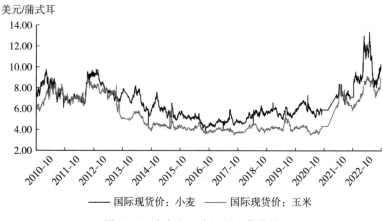

图 8-1 小麦和玉米国际现货价格

数据来源：万得（Wind）。

第三节 指数编制原则

现货价格指数对市场价格和行为具有引导作用，影响力较大，故美国和欧盟等地针对现货价格指数提出了特有的编制原则，包括金融指数原则（Principles for Financial Benchmarks）和独立价格报告机构行为规范（Independent Price Reporting Organization Code）等。

在这些规则框架基础上，普氏指数公司作为第三方独立现货价格报告机构，制定了现货数据采集、评估、发布和管理等指数编制原则和管理办法，提出了涉及内控措施、指数质量、编制方法、会计责任 4 个方面 19 项监管原则。总体来看，普氏指数公司对指数编制发布的要求主要集中在指数评估方法和流程管理两个方面。

一、指数评估方法

评估方法是普氏指数公司开展价格指数评估时最为核心的内容，包括方法制定和调整两个方面。在制定价格指数评估方法时应按以下规定执行：

——规范编制方法，并记录留档和详细披露；

——确保编制方法能够生成反映市场价值、代表特定市场、避免扭曲的价格指标；

——解释采用特定方法的理由以及内部和外部审核及批准该方法的流程。

在调整价格指数评估方法时应按以下规定执行：

——公布拟对其编制方法实质性调整的理由和流程；

——为利益相关者提供足够时间评论，并对其意见给予足够关注；

——定期检查其方法，以确保其可靠准确反映现货市场。

二、指数流程管理

指数流程管理的要求主要涉及数据采集、文件存档、规则和流程、外部合作等方面，具体包括 9 方面内容：

价格评估中使用的数据：要详细说明被评估的具体现货商品的条件、询报价和交易价等价格和市场信息的等级，确保报告者提供全部相关数据，留意和记录所有外围数据，公布评估过程的详细解释；

报告数据流程的完整性：界定谁可以提交数据，明确这些提交数据者的身份，调查任何提交数据中的异常情况；

分析师：制定工作指引，确保分析师得到充分培训，并设置备份工作人员；

对分析师的监督：内控到位，包括主管对评估的审核和签署等；

审计留痕：涉及评估的数据和判断应署名留档，存档至少保留5年；

规则和流程：落实整体的规则和流程，识别、公布、管理和避免利益冲突，确保评估过程的完整性和独立性，实时更新规则和流程，发现利益冲突后应在监督、补偿、系统准入和信息流等方面有适当的运营隔离措施；

投诉：对涉及评估过程的投诉应建立接收、调查和存档流程，并予以公布；

与监管机构合作：审计留痕等所有该原则要求的文件以及其他相关信息，应在市场监管机构执行监管职责时可以查阅，并按照相关法律规定及时提交；

外部审计：指定具有适当经验和能力的独立外部审计机构，每年审核并报告遵守方法标准和国际证监会组织原则的情况。

第四节　指数编制方法

一、指数标的物的质量标准

表 8 - 1　指数标的物的质量标准

指数名称	标的物质量标准	数量标准	评估价格
黑海小麦（乌克兰）	乌克兰生产的软质小麦，蛋白质含量为 11.5%，最高水分含量为 14%，最低湿面筋含量为 23%，最低哈格伯格（Hagberg）掉落数为 230 秒，最高虫蛀率为 2%，最高异物含量为 2%	2.5 万吨	敖德萨离岸价。可参考其他黑海港口或相关目的地的到港价（CFR，即进货成本价、国内费用、国外运费、净利润之和），并折算为敖德萨离岸价

第八章 黑海地区谷物价格指数

指数名称	标的物质量标准	数量标准	评估价格
黑海小麦（俄罗斯）	俄罗斯的软质小麦，蛋白质含量为12.5%，最高水分含量为14%，最低湿面筋含量为25%，最低哈格伯格（Hagberg）掉落数为250秒，最高虫蛀率为1.5%，最高异物含量为2%	2.5万吨	新罗西斯克离岸价。可参考其他黑海港口或相关目的地的到港价（CFR），并折算为新罗西斯克离岸价
亚速海小麦	亚速海地区参与贸易的无产地软质小麦，蛋白质含量为12.5%，最大水分含量为14%，最低湿面筋含量为25%，最低哈格伯格（Hagberg）掉落数为250秒，最大虫蛀率为1.8%，最大异物含量为2%。可以考虑蛋白质含量较高或较低的小麦，但应折算为12.5%	3 000吨	亚速海港口离岸价。可参考其他黑海港口或相关目的地的到港价（CFR），并折算为亚速海港口离岸价
马尔马拉海小麦	马尔马拉海地区参与贸易的无产地软质小麦，蛋白质含量为12.5%，最高水分含量为14%，最低湿面筋含量为25%，最低W数为180，最低哈格伯格（Hagberg）掉落数为250秒，最高虫蛀率为1.8%，最高异物含量为2%。可以考虑蛋白质含量较高或较低的小麦，但应折算为12.5%	3 000吨	马尔马拉海港口离岸价。可参考其他黑海港口或相关目的地的到港价（CFR），并折算为马尔马拉海港口离岸价
黑海玉米	玉米的最高水分含量为14.5%，最高碎粒为5%，最高损伤为5%，最高异物含量为2%	2.5万吨	敖德萨、基洛夫格勒和切尔诺莫斯克港口离岸价。可参考其他黑海港口或相关目的地的到港价（CFR），并折算为基准价格

二、数据采集

基础数据一方面由普氏指数公司从市场采集，另一方面由生产商、贸易商、加工商、金融机构等市场参与者主动自愿提供。每个交易日，市场参与者向普氏系统实时提交买卖报价、交易意向和成交信息等。普氏系统主要包括普氏专线服务和 eWindow 平台。市场参与者可以通过电话、即时通信工具、邮件等方式向普氏指数公司报告数据，由后者输入 eWindow 平台，也可以下载该软件，自行输入。交易日结束前 30～45 分钟，普氏系统不再接收新的买卖报价信息，原买卖报价双方仅可以调整价格信息，但不得变更数量、质量、装卸地点及时间等其他信息。

三、数据核实

普氏指数公司主要按照以下三项原则确定信息是否可以被作为指数计算的数据。一是真实可验证。买卖报价、交易意愿和成交等信息均应真实，可供普氏指数公司及全市场核实查证。二是完整合规。报告需全面反映产品、价格、买卖方、装期、货量、地点及交易条款等信息，且符合普氏指数编制方案的时间和规范标准，如装期必须确保在规定时间内可执行，装船必须符合相应规模和条件。三是透明可重复。所有信息均面向其客户公开，其他市场参与者可重复利用相关信息达成交易。根据以上规则，存在以下情况的信息均不被采用，如不符合装期的交易、不可重复的一次性交易、关联交易、不可验证或交叉验证认为不合理且报告方无法提供进一步书面证据的交易等。

四、指数计算

普氏现货价格指数主要采用收市价法（Market-on-Close，MOC）形成。该机制生成反映每日交易结束前特定窗口期的可交易价格。根据商品品种不同，窗口期时间长短不等，小麦和玉米品种基本为 30～45 分钟。普氏指数公司对所有大宗商品均采取收市价机制编制现货价格，但具体的标准和编制公式各有不同。普氏指数公司根据窗口期的买卖报价、成交价等样本信息，通过特定算法得出现货指数。如果窗口期无成交价，普氏指数公司则根据可交易价格介于最高的买方报价和最低的卖方报价之间的原则，按照交易量加权平均进行评估。例如，当存在买方报价，但无成交，则价格评估应高于买方报价；反之，当存在卖方报价，但无成交，则价格评估应低于卖方报价。

五、信息发布

普氏指数公司在其官方网站（www. spglobal. com）的黑海谷物估价页面发布黑海地区谷物价格指数，发布内容包括市场分析报告以及单独的价格数据表格。报告和表格可以通过专用接口实现数据的实时接入。

第五节　指数应用

黑海地区谷物价格指数为市场提供了准确、及时的价格信息，为指数衍生品上市提供了价格基础。经美国商品期货交易委员会批准，芝加哥商品交易所（CME）于 2017 年 12 月上市了基于普氏指数公司黑海小麦价格指数和黑海玉米价格指数的期货品种，为上下游企业提供了风险管理工具。同时，基于普氏黑海地区谷物价格指数的场外互换（swap）交易也开始被贸易商广泛采用，这种交易结构自由度较高，可在交易对手同意的任何数量和时间框架内进行对冲，降低了交易执行中涉及的成本和风险。

一、普氏黑海谷物价格指数期货的合约设计

1. 普氏黑海小麦指数期货

表 8-2　普氏黑海小麦指数期货的合约设计

项　　目	内　　容
交易标的	普氏黑海小麦指数
交易单位	50 吨

（续）

项　目	内　容
报价单位	美元/吨
最小价格变动单位	12.5美元/手（即0.25美元/吨）
挂牌合约	15个连续自然月
交易时间	周日—周五下午7：00至次日下午1：20，美国中部时间（下午8：00至次日下午2：20，美国东部时间）
最后交易日	合约月份的最后一个交易日
交割方式	现金交割
交易代码	BWF
上市交易所	芝加哥商品交易所（CME）

2. 普氏黑海玉米指数期货

表8-3　普氏黑海玉米指数期货的合约设计

项　目	内　容
交易标的	普氏黑海玉米指数
交易单位	50吨
报价单位	美元/吨
最小价格变动单位	12.5美元/手（即0.25美元/吨）
挂牌合约	15个连续自然月
交易时间	周日—周五下午7：00至次日下午1：20，美国中部时间（下午8：00至次日下午2：20，美国东部时间）
最后交易日	合约月份的最后一个交易日
交割方式	现金交割
交易代码	BCF
上市交易所	芝加哥商品交易所（CME）

二、期货交易情况

芝加哥商品交易所曾在 2012 年推出一种基于现货实物交割的黑海小麦期货，但始终难以获得市场青睐，上市后长期持仓量为零。这一合约基于俄罗斯、乌克兰或罗马尼亚指定港口的现货实物交割。一些市场参与者表示，黑海地区复杂的地缘政治条件使实物交割存在不可预知风险，同时期货合约锚定多个港口现货的规定也与实际贸易需求不相符。所以普氏黑海地区小麦指数为芝加哥商品交易所优化该期货品种提供了现货价格基准。

值得注意的是，芝加哥商品交易所采用普氏黑海地区谷物价格指数进行现金结算的期货合约减少了交割成本，为市场参与者提供相对便利的参与条件，但并未完全消除地缘政治因素导致的实体贸易混乱。2022 年在俄乌冲突加剧的背景下，黑海粮食出口通道几乎中断，乌克兰的粮食大量滞留港口，俄罗斯的粮食也受到经济制裁和出口阻滞影响，欧洲和非洲粮食产业链、供应链遭受严重冲击，导致全球粮食供需失衡，期货价格剧烈波动。普氏黑海地区谷物指数也难以采集和反映准确的现货市场价格，期货合约提供的风险管理功能受到影响，成交量和持仓量大幅下降。

第九章　美国猪肉产品价格指数

美国是继中国和欧盟之后的世界第三大生猪生产地区和消费地区，2021年生产猪肉产品1 256万吨，约占世界总产量的12%。美国养猪业经过不断的并购，单个主体规模越来越大，产业集中度较高。美国生猪产业同样存在"猪周期"问题，曾经出现过较为严重的短期供需失衡现象，导致中小养殖企业亏损和大量退出。故美国农业部出台相关法案，规定生猪养殖、屠宰和分销企业的数据报送义务。通过产业主体反馈的大量数据，美国农业部每日汇总发布生猪养殖和屠宰相关数据和报告，具有较大的市场影响力。1995年，芝加哥商品交易所根据美国农业部公布的猪肉数据，研制发布了瘦肉猪价格指数（Lean Hog Index），并将原有的活猪期货改为瘦肉猪指数期货，获得市场各方广泛认可。在此基础上，芝加哥商品交易所在2000年推出了分割猪肉价格指数（Pork Cutout Index）及指数衍生品。

第一节　指数编制背景

1966年，芝加哥商品交易所推出实物交割的生猪期货合约（Live Hog Contract），为生猪生产商和加工商提供规避生猪价格波动风险的金融工具。生猪期货对于美国生猪产业而言，满足了生猪饲养户、屠宰企业、肉类加工企业等生猪产业链相关各方的风险管理需求，上市后交易量不断增长。20世纪80—90年代，随着美国生猪养殖业的标准化和规模化发展，生猪现货市场发生较多变化。一是生猪规模养殖水平大幅提高，猪场数量快速下降。20世纪80年代中期至90年代末期，美国存栏量1 000头以上规模猪场的出栏生猪所占比重由 34％上升至 65％，猪场数量由 43 万下降至不足 20 万，降幅超过一半。二是猪肉交易流程发生显著变化。20 世纪 90 年代，美国物流配送技术极大提高、仓储设施明显改善，更多猪胴体不再通过批发市场进行中转交易，而是直接运送至肉类加工商手中。因此，1981 年后的 10 余年中，批发市场猪肉成交量所占份额持续下降。三是现货交易依据从生猪活体定价演变为猪胴体瘦肉率定价。例如 1980 年仅 8％的生猪是根据猪胴体重量出售，而 1995 年近 75％的交易是根据胴体重量出售。

20 世纪 80—90 年代，美国生猪现货市场的变化，使得以活猪为交易标的并在指定批发市场实物交割的芝加哥商品交易所生猪期货交易量出现较大震荡，特别是 1990—1993 年快速下滑，虽然 1994 年和 1995 年略有回升，但仍低于 1990 年的交易量。震荡的交易量使得生猪期货市场的套期保值功能遭到质疑。为使生猪期货市场满足现货市场需要，芝加哥商品交易所采用现金结算方式，设计出更具有产业代表性的瘦肉猪指数期货合约。1995 年将合约标的由生猪改为瘦肉猪胴体，以适应生猪养殖的规模化和现货交易以猪胴体瘦肉率进行定价的趋势。由于屠宰后的瘦肉猪不易储存，在 0～4℃的冷藏条件下保质期仅为 7 天，－18℃的冷冻条件成本高昂，对整个市场的冷链系统要求较高。供给容易集中在少数供应商手中，造成交割月的逼仓风险。同时，美国农业部在猪胴体现货市场的价格采集系统逐步成熟，样本选取和采集方法逐步完善，使得具有代表性的基准价格采集变得更为容易。1997 年 2 月，芝加哥商品交易所将交割方式由实物交割改为以瘦肉猪价格指数为依据的现金结算。

在瘦肉猪价格指数成功运营的基础上，芝加哥商品交易所于 2020 年 11 月 9 日正式推出分割猪肉期货和期权产品。新合约以芝加哥商品交易所分割猪肉价格指数为标的，反映的是用猪肉分割部位批发价格计算的近似生猪价格。用于计算猪肉分割价格的切块包括猪脊部、猪肩胛部、猪前腿、猪肋排、猪后腿和猪腩。分割猪肉期货和期权产品将以芝加哥商品交易所分割猪肉价格指数为基准进行现金交割，该指数是美国农业部公布的 5 个工作日分割猪肉加权平均价格。

第二节 指数设计思路

一、瘦肉猪价格指数的设计思路

1. 数据来源及调整

芝加哥商品交易所瘦肉猪价格指数数据均来自美国农业部相关报告，并对具体数据类型开展三次调整。

一是 1994 年至 2002 年 3 月，采用美国农业部的三大地区瘦肉猪成本报告（NW-LS295）数据。数据由美国农业部的价格自愿上报体系采集，数据来自美国中南部（Mid South）、美国东部玉米带（Eastern Corn Belt）、美国西部玉米带（Western Corn Belt）8 个生猪生产区自愿上报养猪户和企业上报的日交易数据，当时三大玉米带的生猪产量占到美国整个市场的 90％。该报告价格基本代表了整个产业的价格水平，是产业客户最为重要的信息来源。

二是在 2002 年 4 月至 2003 年 2 月，采用全国瘦肉胴体屠宰成本报告（National Daily Base Lean Hog Carcass Slaughter Cost，又称 LM-HG213 报告）数据。随着 1999 年美国《牲畜业强制报告法案》的颁布，生猪价格信息报告也相应调整，该报告提供新法颁布后通过强制上报体系采集的价格数据，数据覆盖范围更广，准确度更高，更具产业代表性。报告包括生猪屠宰量、平均成本费用、平均价格和胴体平均重量，主要反映当时规模以上生猪屠宰成本价格。

三是 2003 年 2 月至今，采用全国每日生猪报告（National Daily Direct Hog Prior Day Report-Slaughtered Swine，又称 LM-HG201 报告）数据。目前，该报告发布美国现货市场白条猪的 5 种主要贸易方式的成交情况。第一种是协商交易，即买卖双方在公开市场，通过直接协商方式确定成交价格和数量，并直接以现金完成的交易。目前，市场上以该方式完成的交易量较少，但该方式是现货贸易的定价基础。第二种是其他市场交易准则，主要是以成本加成方式定价。实际操作中一般以玉米、豆粕等价格为基础进行生猪定价。第三种是生猪—猪肉市场交易准则，即根据美国农业部生猪报告商定长期价格。美国农业部每季度发布一份生猪行业报告，阐述当前行业生产形势，并对未来行情进行分析预判，企业会根据供需发展形势确定定价策略。第四种是其他采购协议，一般按照期货和现货的基差价格形成定价。第五种是按照 14 日协商准则进行交易。生产商和包装商逐笔进行协商交易，在确定定价方式后14 天内，生产商向包装商交货。

2. 指数标的物质量要求

芝加哥商品交易所瘦肉猪价格指数标的物的质量要求根据美国农业部报告的数据标准而定。2003 年之前选取的 NW-LS295 报告和 LM-HG213 报告，根据背膘厚、瘦肉率以及宰后体重划分三个不同区间的报价。随着规模养殖化水平不断提升，生猪标准化程度逐步提高，质量均一性大幅提高。2003 年之后选取的 LM-HG201报告取消了相关指标，芝加哥商品交易所瘦肉猪价格指数标的物的质量要求也随之取消。

一是瘦肉率。指猪胴体中瘦肉所占的比率，是评定胴体品质的重要指标之一。1994—2003 年，芝加哥商品交易所选取 NW-LS295 报告和 LM-HG213 报告作为指数编制原始数据，两份报告分别报送瘦肉率 49％～50％、51％～52％、53％～54％三个区间的价格信息。芝加哥商品交易所将 51％～52％的瘦肉率作为标的物质量标准，基本代表了当时猪肉现货贸易的主流。随着美国生猪育种技术提高和产业整合程度加深，美国猪肉瘦肉率不断提升。根据美国农业部下属的谷物检验、批发及畜牧场管理局（GIPSA）对家畜及肉类市场调查，2001—2005 年美国市场中流通的瘦肉猪瘦肉率均值范围已普遍提高到 53.40％～54.41％，为了更好贴近现货，2003 年美国农业部 LM-HG201 报告中取消了瘦肉率指标，因此芝加哥商品交易所瘦肉猪价格指数编制中的瘦肉率指标也随之取消。

二是背膘厚度。这是生猪胴体贸易中一个重要评级指标，又称后背脂肪厚度。根据美国农业部 1985 年颁布的猪胴体分级标准，一般以最后一根肋骨皮下脂肪厚度（包括皮）为准。1994—2003年，芝加哥商品交易所选取 NW-LS295 报告和 LM-HG21 报告，两份报告分别报送背膘厚 1～1.09 英寸、0.8～0.9 英寸以及 0.65～0.79 英寸三个区间的价格信息。芝加哥商品交易所瘦肉猪价格指数一直选取 0.8～0.9 英寸作为标的物质量要求。2003 年之后，随着现货市场中流通的瘦肉猪背膘厚度差异减小，背膘厚度指标和瘦肉率指标一并取消，不再作为指数编制选取的质量指标。

三是宰后胴体重量。芝加哥商品交易所推出瘦肉猪价格指数之初，将宰后胴体重量作为标的物的质量要求。当时为了与之前生猪期货对重量的指标要求（活体重量 230～260 磅）建立一定的联系，芝加哥商品交易所根据业内普遍认可的宰后胴体出肉率指标 0.74，确定出宰后胴体重量为 170～191 磅。随着生猪养殖规模一体化的提升，生猪重量规格基本趋同，此指标已不能代表猪胴体的质量品质，2003 年之后指数编制选取的 LM-HG201 报告中取消了这一指标。

二、分割猪肉价格指数的设计思路

分割猪肉价格指数在数据来源和标的物质量方面与瘦肉猪价格指数的设计思路基本一致。在计算中，该指数将猪胴体分为猪脊部、猪肩胛部、猪前腿、猪肋排、猪后腿和猪腩 6 个主要部位，每个部位再细分不同切割和包装方法，最后通过下游分割猪肉的价格和数量推算猪胴体的价值。该指数的计算方法和参数设置较为复杂。

第三节　指数编制方法

一、瘦肉猪价格指数的编制方法

为了使瘦肉猪价格指数更好地代表现货价格，芝加哥商品交易所瘦肉猪价格指数的设计参考了前期众多学者对于生猪指数的研究成果。

一是指数采用 2 日加权平均价格计算法。考虑到单日猪肉价格波动在 3～5 美分/磅，如果按照每手 4 万磅进行折算，每手合约价格波动在 1 200～1 500 美元，波动相对较大，难以作为基础数据编制指数。但如果使用较长时间间隔的数据编制指数，指数滞后性将会进一步加大，与现货实际脱节，降低套保效率。综合考虑以上因素，芝加哥商品交易所采用 2 日加权平均法来编制瘦肉猪价格指数。

二是指数编制方法随数据来源进行调整。由于瘦肉猪价格指数来源报告经历三次变化，编制公式也随之调整。2002 年 4 月 15 日之前，瘦肉猪价格指数计算公式为权重系数与三地区各自加权平均价格之积，其中权重系数为每日单一地区成交头数与两日三地区成交总头数之比；2002 年 4 月 16 日至 2003 年 2 月 16 日，由于数据来源中没有涉及地区间数据，而是整体价格，指数编制中去掉了地区权重，瘦肉猪价格指数公式改为两日瘦肉猪胴体总价值与两日瘦肉猪胴体总重量之比；2003 年 2 月 17 日至今，公式不变，样本数据扩大到协议市场和现货市场两个市场。

在指数计算上，芝加哥商品交易所瘦肉猪价格指数的构建由三部分构成，用公式表示为：

瘦肉猪胴体价值＝协商交易数量（negotiated transactions）×平均胴体重量×协商日平均净价＋生猪猪肉市场数量（swine or pork market formula transactions）×生猪猪肉市场平均胴体重量×现货日平均净价＋14 日协商交易数量（negotiated formula）×平均胴体重量×14 日协商日平均净价；

瘦肉猪胴体重量＝协商交易数量×平均胴体重量＋生猪猪肉市场数量×生猪猪肉市场平均胴体重量＋14 日协商交易数量×平均胴体重量；

芝加哥商品交易所瘦肉猪价格指数＝瘦肉猪胴体价值（连续两日）/瘦肉猪胴体重量（连续两日）。

二、分割猪肉价格指数的编制方法

单个猪肉胴体的分割肉价值基于该胴体产生的各种分割切块的数量以及这些分割切块的价格。其价值以美分/磅或美元/百磅（美担或英担，等于100磅）表示。从理论上讲，每头猪都有一个特有的分割肉价值。每个猪肉屠宰厂都会计算一个工厂分割肉价值，该值表示该工厂在特定时间段内产生的猪胴体的平均价值。工厂分割肉价值取决于生产的猪肉切块产量和这些切块的价格。工厂的分割肉价值是保密的专有信息，是工厂愿意为生猪支付价格高低的最重要的决定因素。

1. 指数标的质量标准

美国农业部的估算猪肉胴体分割肉价格（Pork Carcass Cutout，PCC）是使用标准化猪肉胴体（目前为55%～56%瘦肉，215磅），基于行业平均切块产量和二级猪肉切块的平均市场价格，所计算出的估计值。行业平均切块产量由美国农业部每年1月更新，依据为上一年7月对生产商的调查结果。市场价格来自美国农业部的批发猪肉、猪油、下脚料肉骨粉价格报告。PCC反映了批发猪肉切块的整体供需情况。每天计算各种一级猪肉切块的复合价值，并将这些价值组合在一起，形成反映整个猪肉胴体的单个复合价值。这些切块反映了一种标准的切割规范，并且必须在协商的基础上进行交易，在销售后的限定时间内交付，以组合形式（可容纳约2 000磅产品的大手提袋或容器）销售须于10天内交付，盒装产品须于14天内交付。

2. 指数计算方法

在生产过程中，猪肉胴体被分割成一级切块，而一级切块又被分割成各种二级切块。一级切块可以按不同的方式进行分割，制作出不同的二级切块组合，以满足不同的消费者和消费需求。二级切块的生产过程还产生不同类型和数量的副产品。这些副产品（如修剪物、骨头、脂肪和猪皮）具有价值，必须将其添加到一级切块的价值中，以完整计算胴体的所有部分。二级切块的潜在价值通常取决于为了从一级切块中提取该特定二级切块所必须付出的工作量。无骨切块需要更多的加工，因此比带骨切块的生产成本更高。它们对最终消费者来说也更有价值，并且包含更少的废弃物。脂肪修剪也是如此。生产和销售量大的分割方式将对整体分割肉价值计算产生更大的影响。

各种一级切块的分割方式之间的相对数量和类型存在季节性变化，在 PCC 中，通过依据报告给美国农业部的不同分割方式生产量进行加权计算。PCC 使用当前二级猪肉切块价格和行业平均切块产量来计算一级切块的价值，然后使用行业平均一级切块产量，将一级切块价值转换为胴体价值。

第四节　指数应用

一、瘦肉猪指数期货

1997 年 2 月，芝加哥商品交易所将实物交割的活猪期货改为采用现金结算方式的瘦肉猪指数期货。一方面规避了活猪运输和储存的实物交割风险和较高成本，另一方面顺应生猪现货市场以宰后胴体定价的交易模式。在瘦肉猪指数期货合约临近到期时，期货盘面价格逐渐向瘦肉猪价格指数靠近，在合约到期日进行最终结算时，芝加哥商品交易所将根据瘦肉猪价格指数数值计算盈亏，并对持有合约的买方和卖方进行盈亏划转。修改后的瘦肉猪指数期货获得市场广泛认可，套期保值和风险管理功能发挥良好，并具备如下优势：

1. 瘦肉猪指数期货更好发挥价格发现功能

随着期货运行时间的增长，瘦肉猪指数期货的价格发现功能得到较好发挥，瘦肉猪指数期货价格虽然对未来 10 个月的现货价格预测存在一定偏差，但能很好预测未来 6 个月的现货价格。同时，猪胴体价格发现主要由现货市场决定，期货市场对共同有效价格的贡献率小于 10%。由现金结算的瘦肉猪指数期货带来的投机行为，在短期来看可能导致价格扭曲，但长期来看并不会扭曲现货价格。整体上来看，瘦肉猪指数期货对即将到来的现货价格有较好的预测。

2. 瘦肉猪指数期货套期保值效果较好

一般来说，套期保值的成功取决于现货和期货价格一致性程度，尤其是在交割期间，如果现货价格和期货价格之间存在完美的相关性，那么套期保值的风险就会降低。相关研究发现，瘦肉猪指数期货的动态最优套期保值比率平均变小且更加稳定；同时，现金结算促进了瘦肉猪指数期货期现货价格的趋同，且降低了基差波动。

3. 瘦肉猪指数期货的流动性较好，企业参与活跃

瘦肉猪指数期货已成为芝加哥商品交易所交易最活跃的农业现货指数期货之一。2019 年 7 月至 2022 年 6 月，其月均成交量达104.13 万手。该品种的商业持仓占比和非商业持仓占比趋于均衡，均保持在 45% 上下。商业持仓中，生产商、贸易商、加工商、用户的比例稳步提高，从 25.2% 增至 29.6%，同期管理基金持仓占比从 31.7% 降至 29.8%（图 9 - 1）。

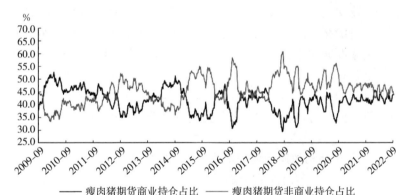

　　　—— 瘦肉猪期货商业持仓占比　　—— 瘦肉猪期货非商业持仓占比

图 9 - 1　芝加哥商品交易所瘦肉猪指数期货商业持仓占比和
非商业持仓占比对照情况

数据来源：万得（Wind），美国商品期货委员会（CFTC）官网。

二、分割猪肉指数期货

芝加哥商品交易所分割猪肉指数期货和期权上市以来，市场交易不活跃，成交量和持仓量均处于较低水平。2021 年仅有近 3 万手成交量，是瘦肉猪指数期货全年成交量的 0.25%。分割猪肉价格指数及指数衍生品未获市场广泛认可，一方面是指数计算过程非常复杂，需要用多种批发终端猪肉产品价格和相关参数推导猪胴体的经济价值，无法给予市场参与者准确且直观的胴体价格；另一方面，尽管美国在下游分割猪肉环节已发展为标准化生产，但白条猪肉依然是生猪产业链中标准化程度最高的环节，相关企业具有较多的风险管理需求。目前，在瘦肉猪价格指数衍生品较好满足市场需求的情况下，分割猪肉价格指数衍生品不具备大规模应用推广的可能性。

第十章　美洲活牛价格指数

美洲是世界活牛养殖和牛肉产品消费的主要地区，肉牛相关产业企业和贸易商等市场参与者需要掌握准确及时的牛类价格信息指导生产和贸易，美国育肥牛价格指数和巴西活牛价格指数是其中具有代表性的现货指数，发挥了较好的信息传导功能。

第一节　指数编制背景

一、世界肉牛产业发展情况

21世纪以来，消费者对牛肉质量的要求发生了变化，除少数国家（如日本），多数国家的消费者喜食瘦肉多、脂肪少的牛肉。与此同时，由于国际市场对牛肉的需求量日益增加、牛肉行情持续紧俏等，世界活牛饲养数量呈增长趋势。美国农业部统计数据显示，2017年以来，全球肉牛存栏量呈现平稳增长的发展态势，2020年全球肉牛存栏量为9.83亿头，2022年全球肉牛存栏量约10亿头，其中印度、巴西、中国、美国和欧盟是世界肉牛存栏较多的国家和地区。在牛肉贸易方面，美国和巴西是世界牛肉出口前二位的国家。2021年美国出口牛肉产品93亿美元，占世界总贸易额的15.4%，巴西出口牛肉产品80亿美元，占世界总贸易额的13.3%。美国和巴西的肉牛养殖和屠宰产业发达，上下游企业和贸易商对肉牛及相关产品的价格信息需求较大。目前，美国和巴西都通过编制牛类价格指数方式向市场提供产业信息，并上市了相关指数衍生品等期货产品，为管理相关价格风险提供金融工具。

二、美国育肥牛价格指数的编制背景

自 1916 年起，为了向市场提供准确和客观的产业信息，引导形成理性价格导向和科学生产计划，美国先后通过了《牧羊人修正法案》《农业市场法案》《畜牧业强制报告法案》和《加工商及畜牧场法案修订》，逐步建立起了较为完善的牲畜信息体系。其中，尤以 1999 年通过的《畜牧业强制报告法案》意义最为重大。在该法案通过前，美国牲畜屠宰和销售数据主要由市场参与者自愿向政府机构提供，但随着市场发展，屠宰分销企业的集中度逐渐升高，同时"一对一"协议价订单大幅增长。由于大型企业将交易价格视为商业秘密不愿公开，且"一对一"协议交易很难采集到价格，使牲畜定价的公允性受到影响。美国政府依据《畜牧业强制报告法案》，建立了屠宰分销企业强制报告价格的制度，通过强制报告和编制指数模式，提升了价格的透明度和公允度，同时也更好地服务了农业经济调控和畜牧业政策制定。

三、巴西活牛价格指数的编制背景

巴西的农产品现货指数研发起步于 20 世纪 90 年代，主要是在巴西交易所（B3 Exchange）的推动下，由圣保罗大学经济研究中心（CEPEA）研究编制并发布。圣保罗大学经济研究中心主要研究农业方面的经济、金融、社会和环境等问题，其指数编制团队与近 6 000 个农业领域的机构保持联系，并在平台上每天交互信息。在此基础上，圣保罗大学经济研究中心形成了国内外关于农业价格指数、成本估算和风险评估方面的连续性信息产品。

1996 年巴西交易所与圣保罗大学合作开发大宗商品现货指数，并委托圣保罗大学经济研究中心发布相关指数。在指数培育近十几年后，2008 年巴西交易所开始逐步推动研发和上市以现货指数为标的的指数期货合约，现货指数的功能进一步显现。其中价格代表性较好、期货合约交易比较活跃的是双方合作发布的圣保罗活牛价格指数。

第二节 美国育肥牛价格指数编制

育肥牛是指断奶后可进入育肥阶段的小牛，体重一般在700～900磅，育肥阶段一般可持续3～4个月。通过这个过程，小牛成长为1 000～1 300磅的"活牛"。育肥牛价格指数（Feeder Cattle Index）最初由非营利性的独立信息供应商美国肉牛智库（Cattle-Fax）提供数据并计算。1992年，为提升指数的公信力，美国农业部替代美国肉牛智库成为数据提供者。目前，育肥牛价格指数由美国芝加哥商品交易所编制并发布，主要包含以下要素：

一、计算范围

①重量：700～899磅，每50磅为一个区间，共4个区间。

②规格：中大型一等和一二等品（Medium & Large ♯1和♯1—2）。

③交易地点：美国育肥牛主产地的12个州，即南达科他州（South Dakota）、内布拉斯加州（Nebraska）、密苏里州（Missouri）、艾奥瓦州（Iowa）、怀俄明州（Wyoming）、蒙大拿州（Montana）、北达科他州（North Dakota）、俄克拉何马州（Oklahoma）、堪萨斯州（Kansas）、得克萨斯州（Texas）、科罗拉多州（Colorado）、新墨西哥州（New Mexico）。

二、数据来源

数据来源于美国农业部统计的常规拍卖、直接交易、网上拍卖、视频拍卖等交易记录。其中，所有直接交易于每周五统一计算，每周末发生的交易于下周一统一计算。同时，育肥牛价格指数只统计主流品种，特殊品种不计入数据范围。

三、计算方法

根据美国农业部采集的原始数据，计算7天内符合范围的总交易额和总交易重量，以此求出的平均价格（美分/磅）即为育肥牛价格指数。具体公式如下：

$$FCI = \frac{\sum\limits_{i=1}^{n} A_i B_i C_i}{\sum\limits_{i=1}^{n} A_i B_i} \qquad (10-1)$$

式中，A_i 为每笔交易的交易头数，B_i 为每笔交易的平均重量，C_i 为每笔交易的平均价格，三者均为美国农业部直接提供或计算而得。在实际运营中，芝加哥商品交易所可能根据市场实际情况对计算出的指数进行微调[①]。

四、指数发布

每周一至周五在芝加哥商品交易所和美国农业部官网发布相关市场报告，指数发布有 1 天的延迟期（即每日发布前一交易日的指数）。

五、指数修订

为使指数符合行业发展状况，指数自发布至今进行了 4 次修订，主要内容包括：一是针对育肥牛重量逐渐增加的趋势，上调指数计算范围；二是计算范围由一开始的 27 个州逐渐调整为现在的 12 个州。

第三节　美国育肥牛价格指数应用

美国育肥牛指数的主要用途，一是作为贸易商现货贸易的参考价格，二是作为期货现金交割的价格基准。目前美国交易所上市的商品期货中，瘦肉猪和育肥牛品种使用其价格指数进行现金结算和交割。理论上，用基于价格指数的现金交割代替实物交割，可减少标

---

① 当市场中出现不在计算范围中但数额较大的交易时，这些交易会被纳入计算，但在指数发布时，这些交易会被剔除。如 2018 年 6 月 22 日，指数初始计算时加入了 DALHART 和 PRATT 的交易数据，指数值为 142.58，但公布的指数值为 142.57。

的商品的运输及验收等成本，并在一定程度上提高期货交易的流动性。

一、合约设计

表 10-1　育肥牛期货的合约设计

项　目	内　容
交易单位	50 000 磅育肥牛
报价单位	美分/磅
最小价格变动单位	12.5 美元/手（即 0.000 25 美元/磅）
挂牌合约	1 月、3 月、4 月、5 月、8 月、9 月、10 月、11 月
交易时间	周一——周五上午 8:30 至下午 1:05，美国中部时间（上午 9:30 至下午 2:05，美国东部时间）
最后交易日	合约月份的最后一个星期四
交割方式	现金交割
交易代码	GF
上市交易所	芝加哥商品交易所（CME）

二、期货合约交易情况

芝加哥商品交易所于 1971 年上市育肥牛期货，并于 1987 年上市对应的期权合约。育肥牛期货起初采用实物交割，这给市场交易者带来两个难题：一是由卖方指定交割地点，给买方增加了许多不确定因素；二是小型农场主很难组织数量较大的实物交割。由此导致交割成本（主要包括但不限于运输和仓储管理费用）明显高于其他期货合约。因此，芝加哥商品交易所于 1986 年将该品种改为基于育肥牛价格指数的现金交割。使用指数进行现金交割消除了实物交割引发的不确定因素并降低了交割成本，也促使临近交割日期的期货价格和现货价格趋于一致。自 1986 年从实物交割转为现金交割后，育肥牛期货经历了一段时间的调整和适应，交易量和持仓量迅速回升并超出原有水平。

第四节　巴西活牛价格指数编制

目前，圣保罗大学经济研究中心共编制了 19 个大类的农、畜产品指数，其中包括 6 种畜产品。从数据的采集情况来看，主要来自产品的产区、销区和主要港口。在同一个州，也会选择不同的典型地区，以突出数据的代表性。在权重设计方面，农产品主要以当地的产量或销量为权重，畜牧类产品则利用了种群的分布特征作为权重。

一、数据收集

圣保罗大学经济研究中心每天与农场主、贸易商以及产业链上下游的机构等市场参与者直接联系并获取数据，经统计处理和分析后，向机构及公众发布相关信息。

二、指数计算

对价格数据进行统计处理后，形成价格指数和区域平均价格；大多数价格指数是在当天下午 6 点发布。区域平均价格则根据更新数据在日间发布，以帮助参与各方实时决策使用。

三、指数发布

指数在圣保罗大学经济研究中心官网上发布，同时也会在巴西交易所和路透社等市场机构同步转发。形成的指数信息可用于指数衍生品交易和各政府部门的宏观分析等。

表 10 - 2　巴西活牛价格指数的编制及发布情况

指数类别	细分指数	首次发布时间	编制情况
幼牛	南马托格罗索州指数	2000.3	选取 5 个地区的价格，数据要与前日数据进行校对，比如标准差、变异系数和区域间价差，进行算数平均。询价机构包括养殖场、贸易商、拍卖机构

（续）

指数类别	细分指数	首次发布时间	编制情况
幼牛	圣保罗指数	1994.3	选取圣保罗的 4 个区域价格，进行算数平均
活牛	圣保罗指数	1994.3	选取圣保罗的 4 个屠宰区域。根据各个区域的屠宰量加权平均，提供每日报价。目前用于巴西交易所活牛期货的交割结算

第五节　巴西活牛价格指数应用

巴西圣保罗活牛价格指数的主要用途，一是作为贸易商现货贸易的参考价格。该指数综合考虑不同区域的价格信息，可作为现货交易的主要参考价格。二是期货现金交割的价格基准。目前巴西交易所上市的牲畜农产品期货中，活牛期货使用以上现货指数进行现金交割，由巴西交易所根据圣保罗大学经济研究中心发布的价格指数来进行最终的交割结算。

一、合约设计

表 10 - 3　活牛期货的合约设计

项　目	内　容
交易单位	330 阿罗瓦（约 4.85 吨）活牛
报价单位	巴西雷亚尔/阿瓦罗
最小价格变动单位	0.05 巴西雷亚尔
挂牌合约	1—12 月
最后交易日	合约月份的最后一个交易日
交割方式	现金交割
交易代码	BGI
上市交易所	巴西交易所（B3 Exchange）

用于期货合约结算价格的计算公式如下：

$$PO_i = \frac{\sum\limits_{n=0}^{4} Indice_{t-n}}{5} \qquad (10-2)$$

式中，PO_i 是用圣保罗活牛价格指数计算的期货合约结算价格，$Indice_{t-n}$是圣保罗活牛价格指数，该公式表示巴西交易所活牛期货合约的结算价格为过去 5 天圣保罗活牛价格指数的算数平均值。

二、期货合约交易情况

2021 年，巴西交易所基于圣保罗活牛价格指数的期货成交量约 64 万手，同比增长 18%，年末持仓量约 7 600 手。在市场参与者方面，企业和个人投资者较为活跃，占比 54%，专业机构投资者约占 13%，另外有 10% 境外投资者。

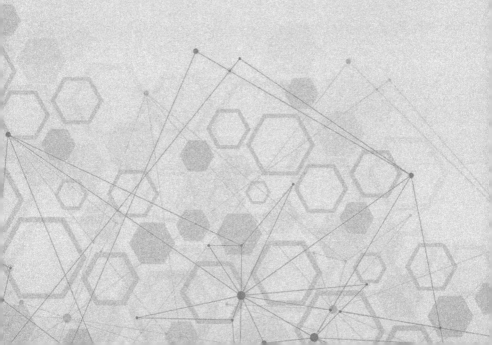

第三篇

国内农产品价格指数实践

第十一章 农产品批发价格 200 指数

农产品批发价格 200 指数由我国农业农村部编制，自 2017 年开始正式发布，是综合测度和全面反映我国农产品批发环节价格整体水平及其变化的指数体系。该指数基于全国 200 余家典型农产品批发市场的各类农产品价格数据，具体包括农产品批发价格 200 指数一个总指数，鲜活农产品批发价格指数、粮油批发价格指数两个大类指数，以及蔬菜指数、水果指数、畜产品指数、水产品指数、粮食指数、食用植物油指数等小类指数，重点体现鲜活农产品、粮油产品在流通环节的价格水平。

第一节 指数编制背景

农产品价格波动对居民民生与农民收入有着重要的影响，为了实时监测农产品流通过程中的价格波动，探究农产品的价格形成机制和影响因素，农业部从 2005 年开始发布"全国农产品批发价格指数"，从整体、分类产品、重点产品、地区差异等多个层面全方位地记录了农产品在批发环节的价格水平，揭示了我国农产品批发流通市场的供求关系与价格波动，有效提升了农产品价格透明度、促进了市场流通，帮助农业生产者和涉农企业做出科学决策，对政府制定相关调控政策发挥了重要作用。随着国民经济的持续发展，我国农产品生产状况、消费结构和流通格局发生了较大变化，新旧批发市场的更替、产品结构的调整等广泛出现、此起彼伏，使得"全国农产品批发价格指数"在体系结构、数据采集、数据需求等方面出现了一些不适应，同时也难以满足全面性、实时性的要求。为此，2016 年农业部提出建立新的农产品批发价格指数，定名为"农产品批发价格200指数"。

第二节 指数编制目标

农产品批发价格200指数是综合测度和全面反映我国农产品批发环节价格整体水平及其变化的指数体系。该指数基于全国200余家典型农产品批发市场的各类农产品价格数据，重点体现鲜活、可食用农产品在流通环节的价格水平。作为一项价格指数产品，它一方面能够体现农产品产地价格的变化情况，另一方面是食品零售价格的先导性指标，能够揭示出对鲜活产品零售市场以及消费者的影响程度。

农产品批发价格200指数是在新形势下提出的、用于全面记录我国农产品批发价格变化的权威指数。编制指数的主要目标：一是全面、科学、准确、持续地反映我国农产品批发价格信息，为归纳总结价格变化规律和预测价格趋势提供系统完整、准确可靠、时效性强的数据资源；二是匹配我国现阶段农产品批发市场的主要特征，客观反映我国农产品市场供求状态，更好适应市场结构的变化。

第三节 指数设计思路

一、设计思路

农产品批发价格200指数设计主要包括两项内容：一是指数体系架构设计、权重和基期确定、计算方法选择；二是合理选择样本市场和样本产品种类。

二、指数体系架构设计

首先，在划定产品范围、种类的基础上，选择样本市场，指定各市场采样的代表性产品。

其次,指数体系主要分为农产品批发价格总指数、大类产品指数、小类产品指数 3 个层级(图 11-1)。对于畜产品、水产品和粮食 3 个小类产品,在小类产品和样本产品之间另设一层中间指数,以反映这些重要产品的价格变化。

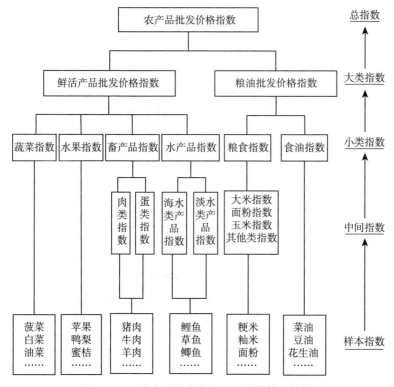

图 11-1 农产品批发价格 200 指数体系结构

第三,采用定权、定基期的价格指数体系。

第四,主管部门直接从样本市场上获取产品价格数据,经过统一加工处理,得到批发市场价格指数。

三、样本市场和样本产品选择

农产品批发价格 200 指数的基础数据采用批发市场价格抽样的

方式获取，样本市场和样本产品根据编制目标和原则先行选择，并尽量保持稳定。样本产品的价格由样本市场的专门负责人员采集并报送至主管部门。

四、指数的发布频率

为了及时反映批发市场价格信息，农产品批发价格 200 指数以日为基本发布周期。主管部门在日指数的基础上加工形成周指数、月指数和年指数，并分别按相应的周期进行发布。

第四节 指数编制方法

农产品批发价格 200 指数的编制遵循科学性、动态性、可操作性、相对稳定性、可解读性原则，经过专家认真研究、反复调试，采用科学方法编制而成。

一、指数体系结构

根据全国农产品批发市场的现状和特征，结合未来发展趋势，农产品批发价格 200 指数以农业统计和相关经济学理论及方法为基础，结合信息采集效率和现实需要，构建了包括小类产品指数（蔬菜指数、水果指数、畜产品指数、水产品指数、粮食指数、食油指数）、大类产品指数（鲜活产品批发价格指数、粮油批发价格指数）和总指数（农产品批发价格 200 指数）3 个层级的指数体系。对于畜产品指数、水产品指数、粮食指数 3 个小类产品指数，在小类产品指数和样本产品指数之间另设一层中间指数，以反映这些重要产品的价格变化。这些指数从个体到类综合，再从类综合到整体农产品的总综合，形成逐步综合的农产品批发价格指数体系，既可以从总体上把握农产品批发价格变动趋势，又可以从产品类别上分析变动成因。纵向上，农产品批发价格 200 指数与原有指数进行了有效衔接，保证指数体系的一致性；横向上，采用开放的指数结构体系，适合农业部大数据系统建设，丰富数据来源，增强了指数的包容性。

二、采价样本市场

我国农产品批发市场多、交易品种多，从实际操作的可行性和成本考虑，全国农产品批发价格指数不可能采用全面调查的统计方法。比较可行的方案是根据样本数据编制价格指数，进而推断全国农产品批发环节中的总体价格水平。这就需要在全国所有从事农产品批发业务的市场中选择具有代表性的市场作为样本，参与指数的计算。从指数的代表性要求来看，样本市场的选择既要考虑到批发市场在地域分布上的合理性，又要考虑到批发市场的地区代表性，同时还应兼顾取得统计数据的可能性和统计成本等问题。经过评估和筛选，确定 200 余家农产品批发市场作为样本市场。

三、样本品种

我国农产品批发交易品种多，但经常交易的农产品主要是粮食、食用植物油、蔬菜、水果、畜产品和水产品等小类。我国地域广阔，地区间交易品种差异较大，样本产品的选择要充分考虑类别代表性、地区覆盖面和采集可行性。纳入指数的产品都是典型的批发市场交易产品，具备持续、大量、稳定的交易，并能够按照一定的标准和等级进行规范化数据采集。经过综合评估、筛选，选定 111 个交易品种作为指数的样本品种，其中蔬菜样本品种 32 种、水果样本品种 11 种、畜产品样本品种 7 种、水产品样本品种 49 种、粮食样本品种 7 种、食用植物油样本品种 5 种。

四、指数计算公式

考虑到结果的可靠性和稳定性，农产品批发价格 200 指数按固定基期、固定权重的方法编制，采用加权平均与简单平均相结合、以加权平均为主的混合体系。由样本市场报价的算术平均值作为样本产品价格，进而获得样本产品批发价格指数；以样本产品批发价格指数为基础逐级向上汇总，以加权平均方式分别得到小类产品批发指数、大类产品批发指数和农产品批发价格指数。

1. 样本产品指数

$$样本产品的批发价格指数 = \frac{\sum_{i=1}^{n} 样本产品的样本市场\,i\,的报价\,/n}{样本产品基期价格}$$

(11-1)

式中，n 为对该样本产品报价的样本市场个数。

2. 类产品指数体系

类产品指数包括 3 级，从下向上依次为：

$$小类批发价格指数 = \sum_{i=1}^{n} 对应的样本产品批发价格指数_i \times W_i^{(3)}$$

(11-2)

式中，n 为该小类产品种包含的代表性样本产品数目，以蔬菜批发价格指数为例，$n=32$，$W_i^{(3)}$ 分别为各种样本蔬菜在蔬菜批发价格指数中的权重。对于畜产品和粮食，按同样的方法，先根据样本产品价格计算出中间指数，再由中间指数计算小类指数。

$$大类批发价格指数 = \sum_{i=1}^{n} 对应的小类产品批发价格指数_i \times W_i^{(2)}$$

(11-3)

以粮油批发价格指数为例，式中 $n=2$，$W_1^{(2)}$ 和 $W_2^{(2)}$ 分别为粮食和食油在粮油批发价格指数的权重。

$$农产品批发价格指数 = \sum_{i=1}^{n} 农产品大类指数_i \times W_i^{(4)}$$

(11-4)

式中，$n=2$，$W_1^{(1)}$ 和 $W_2^{(1)}$ 分别为鲜活产品和粮油产品在农产品批发价格指数中的权重。

五、基期确定

为保证指数的可比性，使其能准确反映农产品批发价格的变动趋势,指数计算应有一个相对固定的基期,且所选基期应具备较好的稳定性,也就是基期农产品批发价格数据来源相对比较稳定、齐全,数据质量较高。结合我国农产品批发市场及其交易的历史与现状,农产品批发价格 200 指数的计算基期选定为 2015 年,将 2015 年全年样本产品在各个样本市场的平均价格作为基期价格。

六、权重确定

根据《中国商品交易市场统计年鉴》《中国统计年鉴》《中国农村统计年鉴》《全国农业统计提要》中统计的商品批发市场成交额数据、居民消费数据,部分农产品的产量和产值等确定大类、小类及各类产品的权重。农产品批发价格 200 指数采用派氏指数编制方法,即以报告期样本权重加权计算各期综合批发价格指数。权重的确定,主要根据批发成交量并参考市场成交额、产量、消费量等数据进行综合测算和评估。

七、指数审核

根据历史价格指数的波动区间,分别设定农产品批发价格 200 指数的最大、最小阈值,当指数结果超过阈值范围,则需人工校验基础数据和指数情况。

八、样本调整

依据样本稳定性和动态跟踪相结合的原则,每三年可审核一次指数样本(包括采样市场和品种),并根据审核结果调整指数样本和权重。

第五节　指数运行成效

农产品批发价格 200 指数是在新形势下提出的、用于全面记录我国农产品批发价格变化的指数。该指数建立在对农产品批发价格信息的科学采集与科学编制基础之上，适应了我国市场经济发展的需要。作为分析研究农产品批发价格变化动态、变动程度、变化规律和变化趋势的最主要的统计方法，该指数的发布能够为社会提供系统完整、准确可靠、时效性强的批发市场数据信息，对准确把握农产品批发价格变化规律以及农产品供给和需求的变化规律，发挥市场信息在指导生产、引导市场和服务决策中的作用，具有十分重要的意义。

目前，农产品批发价格200指数通过全国农产品批发价格市场信息系统，在农业农村部官网等网站上实时发布（图11-2），通过农业农村部《市场与信息化简报》报送部领导和相关业务司局，并在《农民日报》上定期发布，被中央电视台、《经济日报》等媒体和国家级报刊多次转载和引用，已经成为反映我国农产品市场形势的权威指数（图11-3）。

图11-2　农业农村部门户网站发布系列农产品价格指数

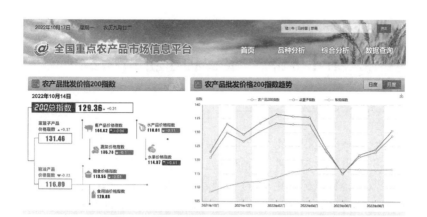

图 11-3　农产品批发价格 200 指数与趋势图

第十二章　粮食种子价格指数

全国三大主粮作物种子价格指数是基于全国种子市场监测信息发布平台采集的粮食种子价格数据，利用加权平均指数法、加权综合指数法、数据标准化等方法，针对水稻、玉米、小麦三大主粮作物构建的价格指数（体系）。种子产业是我国农业的重要组成部分，种子供应关系到我国基本粮食安全问题。全国农业技术推广服务中心联合农业农村部信息中心编制发布全国三大主粮作物种子价格指数，无疑是数字经济与实体农业的有机结合，是改善粮食种子市场体系面临问题的重要抓手。

第一节　指数编制背景与意义

种子产业是我国农业的重要组成部分，种子供应关系到我国基本粮食安全问题，如果缺少了保质保量的种子供应，粮食生产将难以为继，粮食产量也将受到巨大影响。因此，创建完善的粮食种子市场环境，对我国粮食生产具有重大的现实意义。我国粮食种子产业具有以政府为主导、科研机构为主体、国有种子经营公司为主要渠道、乡镇推广机构为分销网络的结构体系，导致我国粮食种子市场呈现总体庞大、经营机构多而松散的局面。而随着信息化和农业农村现代化深入推进，大数据正在与农业、农村、农民全面深度融合，逐渐成为农业生产经营、市场运行的重要支撑和推进农业农村现代化的核心关键要素。在此背景下，全国三大主粮作物种子价格指数的编制能有效提高种子市场透明度，促进产销对接，凝聚行业共识，引领产业发展，提升产业宏观调控能力和水平。

一、有效提高市场透明度，促进产销对接

作为高度系统化、标准化的数字信息，权威的价格指数可以满足粮食种子行业对价格信息不同维度的诉求，为市场交易提供价格参考基准，服务产销两端。同时，通过持续的发布和专业化的运营，采取信息共享、信息交互手段，提高我国粮食种子市场要素透明度，促进产销对接，降低制度性交易成本。

二、凝聚行业共识，引领产业发展

价格指数的编制，将促进种子产业相关人员的交流与合作，凝聚行业力量，共同促进产业发展。而指数的持续发布、推广，也将吸引行业生产要素聚集、融合，有助于形成市场反馈与协调机制，引领产业发展。

三、提升产业宏观调控能力和水平

全国三大主粮作物种子价格指数是基于现货交易情况而编制的价格指数，能够更为敏感地反映当前市场价格变动，因此能作为精确度量粮食种子市场价格水平的标尺，为政府制定粮食种子价格补贴等提供客观依据，为提升政府宏观调控治理能力和治理水平提供重要支撑。

第二节　指数体系设计

一、指数体系框架

一级指标：
全国三大主粮作物种子价格指数
二级指标：
全国水稻种子价格指数
全国玉米种子价格指数
全国小麦种子价格指数

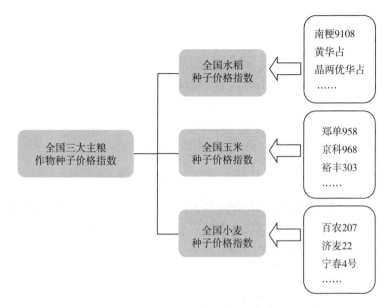

二、指数编制思路

首先，基于全国种子市场监测信息发布平台监测数据，经过数据清洗后，计算得到全国三大主粮作物各品种种子周度均价，并与基期价格相比进行指数化，得到各品种种子价格指数。

其次，构建大类指数，在计算单品种种子价格指数的基础上，以单品种在全国推广使用面积占总面积比重为权重进行加权计算，得到全国水稻种子价格指数、全国玉米种子价格指数、全国小麦种子价格指数三大类指数。

然后，构建总指数，对水稻、玉米、小麦三大主粮作物种子价格指数进行固定权重加权计算，得到全国三大主粮作物种子价格指数的总指数。

最后，经指数专家委员会论证通过后，结合全国三大主粮作物种子价格指数的审核和发布系统，通过多元数据核验、异常值阈值设定等方式，对指数结果的合理性和准确性进行审核，并在相关网站上持续发布。

三、指数起始时间和更新频率

1. 指数起始时间

2021 年 1 月第 1 周

2. 指数发布时间段

全国三大主粮作物种子价格指数：每年 1—6 月、12 月

全国水稻种子价格指数：每年 1—6 月、12 月

全国玉米种子价格指数：每年 1—6 月、12 月

全国小麦种子价格指数：每年 1—6 月、8—10 月、12 月

3. 指数更新频率

更新频率：三大主粮作物种子在相邻日度间价格相对稳定，同时考虑全国种子市场监测信息发布平台的粮食种子价格数据采集频率，采取周度更新。

第三节 指数编制方法

一、数据来源

全国三大主粮作物种子价格指数编制所需的数据，来源于全国种子市场监测信息发布平台，选取水稻、玉米、小麦三大主粮作物种子的全国周度平均价格数据。

二、指数公式

1. 一级指标：全国三大主粮作物种子价格指数（总指数）

全国三大主粮作物种子价格指数采用加权综合指数法，对水稻、玉米、小麦三大主粮作物种子价格指数进行固定权重加权计算，具体公式为

$$\text{全国三大主粮作物种子价格指数} = \text{全国水稻种子价格指数} \times \text{权重} + \text{全国玉米种子价格指数} \times \text{权重} + \text{全国小麦种子价格指数} \times \text{权重}$$

$$IP_{主粮} = \sum_{t=1}^{n} Ip_t q_t \qquad (12-1)$$

式中，$IP_{主粮}$ 为全国三大主粮作物种子价格指数，t 为不同品类（水稻、玉米、小麦），Ip_t 为第 t 品类的周度种子价格指数，q_t 为品类权重。

2. 二级指标：全国水稻种子价格指数、全国玉米种子价格指数、全国小麦种子价格指数（大类指数）

全国水稻种子价格指数、全国玉米种子价格指数、全国小麦种子价格指数均采用加权平均指数法，在计算单品种价格指数的基础上，以单品种在全国推广使用面积占总面积比重为权重进行加权平均计算，具体公式为

全国水稻种子价格指数 $= \sum$（各品种水稻价格指数 $\times$ 权重）

全国玉米种子价格指数 $= \sum$（各品种玉米价格指数 $\times$ 权重）

全国小麦种子价格指数 $= \sum$（各品种小麦价格指数 $\times$ 权重）

$$IP_t = \sum_{a=1}^{n} Ip_{a,i} q_a \qquad (12-2)$$

式中，IP_t 为全国水稻（或玉米/小麦）种子价格指数，a 为不同品种（如水稻包括黄华占等不同品种），$Ip_{a,i}$ 为第 i 周第 a 品种的种子价格指数，q_a 为品种权重。

3. 三级指标：各品种水稻（或玉米/小麦）种子价格指数（指数化）

各品种水稻（或玉米/小麦）种子价格指数通过周度平均价格与基期价格相比得到基础的价格指数数据，具体公式为

$$各品种水稻种子价格指数 = \frac{周度平均价格}{基期价格} \times 100$$

$$各品种玉米种子价格指数 = \frac{周度平均价格}{基期价格} \times 100$$

$$各品种小麦种子价格指数 = \frac{周度平均价格}{基期价格} \times 100$$

$$Ip_{a,i} = \frac{\overline{yp_{a,i}}}{yp_{a,\text{基期}}} \times 100 \qquad (12-3)$$

式中，$\overline{yp_{a,i}}$ 为第 i 周第 a 品种种子的全国平均价格，$yp_{a,\text{基期}}$ 为第 a 品种种子的基期价格，$Ip_{a,i}$ 为第 i 周第 a 品种的种子价格指数。

三、指标选取

在遵循科学、规范、公平、合理的基本原则下，全国三大主粮作物种子价格指数的品种选择主要考虑代表性、可得性、连续性和季节性。

第一，品种代表性。根据中华人民共和国国家发展和改革委员会发布的《重要商品和服务价格指数行为管理办法（试行）》，提出信息采集点覆盖的相应商品或服务市场交易规模在全国市场中有一定占比，能够准确有效地反映全国市场价格情况。

第二，样本可得性。考虑到水稻、玉米、小麦品种数量丰富，以及新品种不断上市等情况，应选取在数据来源中具有完整、真实信息的样本品种，以满足编制指数的现实基础。

第三，数据连续性。编制指数的基础数据来源于全国种子市场监测信息发布平台采集的粮食种子价格数据，所选品种应在指数编制发布期内有相对连续、稳定、完整的基础数据。

第四，播种季节性。各主粮播种日期不同，导致种子采购日期不同，样本选择应考虑适用时间段，故全国主粮种子价格指数体系按以下时间段选取样本并计算发布：

（1）全国水稻种子价格指数：每年 1—6 月、12 月

（2）全国玉米种子价格指数：每年 1—6 月、12 月

（3）全国小麦种子价格指数：春小麦每年 1—6 月、12 月；冬小麦 8—10 月

（4）全国三大主粮作物种子价格指数：每年 1—6 月、12 月

根据以上要求，参考全国农业技术推广服务中心编写的《2020年全国农作物主要品种推广情况统计》及实际情况，具体品种选择见表 12-1。抽取原则：将水稻分为常规水稻和杂交水稻，小麦分

为冬小麦和春小麦，按照品种推广面积占品类总推广面积 40% 以上以及各品类集中度等情况，选取常规水稻 26 种，杂交水稻 38 种，冬小麦 28 种，春小麦 20 种，玉米 36 种，共计 148 个品种。

表 12 - 1　1—6 月、12 月水稻、玉米、小麦品类权重

单位：%

品类	1 月	2 月	3 月	4 月	5 月	6 月	12 月
水稻	31.5	31.5	31.5	31.5	31.5	31.5	31.5
玉米	43.5	43.5	43.5	43.5	43.5	43.5	43.5
小麦	25.0	25.0	25.0	25.0	25.0	25.0	25.0

数据来源：历年《中国统计年鉴》。

四、数据清洗和处理

1. 数据清洗

清洗机制：周度均价浮动超过历史近 10 年正常波动范围时，数据返回，并对市场行情进行询问、分析，最终确定数据的有效性。

2. 数据处理

全国三大主粮作物种子价格指数以全国周度均价为基础数据，若出现空值，可采取上一周价格，若连续一年无品种周度均价，则重新调整品种选择及权重。

五、权重确定

根据指数计算公式，一级指标全国三大主粮作物种子价格指数中有品类权重 q_t，按照 2018—2020 年三年全国水稻、玉米、小麦平均种植面积占比确定，同时按照各品类指数发布时间段，q_t 计算结果如下：

其中，q_t 计算结果四舍五入保留 1 位小数，若三个品类 q_t 之和大于 1，从占比最高品类权重中减去多余部分；若三个品类 q_t 之和小于 1，从占比最低品类权重中加上缺少部分。

二级指标全国水稻种子价格指数、全国玉米种子价格指数、全国小麦种子价格指数中有品种权重 q_a，按照 2020 年各品种推广面积占比确定。

六、基期确定

选取 2018 年 1 月—2020 年 12 月的平均价格作为基期价格。

七、指数审核

根据历史价格指数的波动区间，分别设定全国三大主粮作物种子价格指数和全国水稻种子价格指数、全国玉米种子价格指数、全国小麦种子价格指数四个指数的最大、最小阈值，当指数结果超过阈值范围，则需人工校验基础数据和指数情况。

八、指数调整与完善

1. 样本审核与调整

依据样本稳定性和动态跟踪相结合的原则，每三年审核一次指数样本（包括观察点和品种），并根据审核结果调整指数样本和权重。

2. 指数修正

当指数样本或者权重发生变化时，采用除数修正法修正原固定除数，以保证指数的连续性。修正公式为：设 t 时刻对指数进行调整（使用新的权重或调入新的样本），对于历史数据（即 t 时刻以前数据），按照旧样本和权重得到的指数为 C_t，而按照新样本和权重计算得到的指数为 C_t'，可得修正因子为 $a = C_t'/C_t$，对于未来数据（即 t 时刻以后数据），修正后的指数为

$$C_t = \frac{C_t'}{a} \qquad (12-4)$$

式中，C_t 为 t 时刻以后数据计算得到的指数。

第四节 指数编制结果

按照上述编制方案，对 2021 年全国三大主粮作物种子价格

指数、全国水稻种子价格指数、全国玉米种子价格指数、全国小麦种子价格指数进行试算。由于数据量较大，本次试算进行了简化，各品种基期价格用 2021 年各品种平均价格代替 2018—2020 年各品种平均价格，故结果与实际指数结果有差异，仅供参考。

一、全国水稻种子价格指数结果

从全国水稻种子价格指数的整体变化趋势来看，2021 年全国水稻种子价格指数呈现波动下行而后上行的趋势，第 20 周达到全年的最低值 81.66。在第 1—20 周期间，全国水稻种子价格指数波动下行，从第 3 周的 123.15 的全年高点波动下降，在第 8 周、第 18 周分别有两个小波峰，分别为 114.14 和 113.56，然后持续下降至第 20 周；第 20 周以后，全国水稻种子价格指数呈现上涨趋势，从第 20 周波动上升至第 26 周的后半段高点 111.37，12 月份维持在 100.00～110.00（图 12-1）。综合来看，2021 年全国水稻种子价格指数在定基值上下波动，符合市场波动规律，但期间波动幅度较大，还需加强对水稻种子市场的监测预警，谨防市场的"过冷"和"过热"。

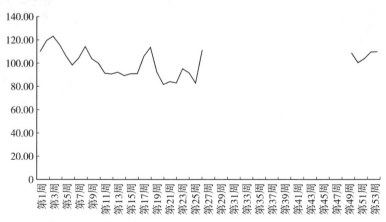

图 12-1　2021 年全国水稻种子价格指数走势

二、全国玉米种子价格指数结果

从全国玉米种子价格指数的整体变化趋势来看，2021 年全国玉米种子价格指数呈现先下降后上升的趋势，在年底第 53 周达到全年的最高值 115.64。在第 2—6 周期间，全国玉米种子价格指数维持在 100.00 以上，表示市场行情相对较好；在第 7—26 周期间，全国玉米种子价格指数普遍在 100.00 以下（第 14 周价格指数高于 100.00），表示市场行情相对不景气，其中第 18 周达到年度低点 95.17；在第 49—53 周期间，全国玉米种子价格指数明显上涨，从第 49 周的 106.45 持续上涨至第 53 周的 115.64（图 12-2）。综合来看，2021 年全国玉米种子价格指数在定基值上下波动，符合市场波动规律，整体呈现先下降后上升趋势，波动幅度较小。

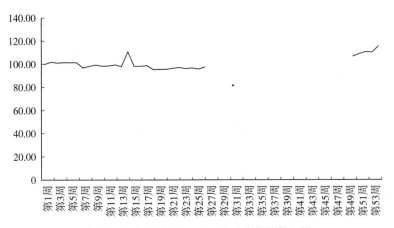

图 12-2　2021 年全国玉米种子价格指数走势

三、全国小麦种子价格指数结果

从全国小麦种子价格指数的整体变化趋势来看，2021 年全国小麦种子价格指数分两段：在第 3—26 周，全国小麦种子价格指数维持在 100.00 以下，表示市场行情相对不景气，其中第 8 周达到年度低点 89.16；在第 32—44 周、第 49—53 周以及第 1、2 周，全国小麦种子价格指数普遍在 100.00 以上（第 38、39、40、41 周价格指数低于 100.00），表示市场行情相对较好；其中第 53 周达到年度高点 126.09（图 12 - 3）。综合来看，2021 年全国小麦种子价格指数在定基值上下波动，符合市场波动规律，整体呈现先下降后上升趋势，波动幅度较小。

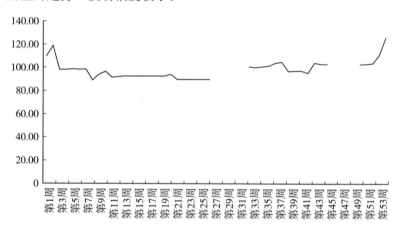

图 12 - 3　2021 年全国小麦种子价格指数走势

四、全国三大主粮作物种子价格指数结果

从全国三大主粮作物种子价格指数的整体变化趋势来看，2021 年全国三大主粮作物种子价格指数呈现先下降后上升的趋势，在年底第 53 周达到全年的最高值 116.51。在第 1—11 周期间，全国三大主粮作物种子价格指数持续下降，从第 2 周的 111.71 下降至第 11 周的 94.59；在第 11—25 周期间，全国三大主粮作物种子价格指数保持低位，普遍在 90.00～95.00；第 26 周较快拉升，达 100.00；在第 49—53 周，全国三大主粮作物种子价格指数波动上涨，从第 49 周的 106.46 上涨至第 53 周的 116.51（图 12 - 4）。综合来看，2021 年全国三大主粮作物种子价格指数综合反映了水稻、玉米、小麦种子价格指数的波动规律，整体呈现先下降后上升趋

势，有助于综合反映粮食种子价格的市场行情，为行业从业人员提供参考意见。

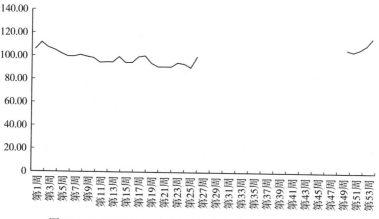

图 12-4　2021 年全国三大主粮作物种子价格指数走势

第十三章 马铃薯价格指数

我国是全球最大的马铃薯生产国，从 2015 年起我国马铃薯产业结构开始优化调整，北方作区逐渐成为全国脱毒种薯生产及马铃薯生产加工的核心地带。为促进全国特别是北方地区马铃薯市场平稳运行，推进实现优质优价，以信息引导马铃薯产业高质量发展，2019 年以来，农业农村部信息中心和甘肃省农业信息中心联合编制发布"中国（甘肃）马铃薯批发价格指数（菜用型）"。

第一节 指数编制背景

一、我国马铃薯产业规模较大，生产区域较集中

我国是马铃薯生产大国，种植面积和产量均居世界首位。据农业农村部马铃薯市场分析预警团队估计，2020 年，我国马铃薯种植面积 8 336 万亩、单产每亩 1 213 千克、产量 10 109 万吨、表观消费量 10 660 万吨。按照全国马铃薯平均批发价每千克 2.62 元计算，我国马铃薯产业规模 2 600 亿元以上。马铃薯市场交易活跃，上市期较长，一年四季均有市场交易，交易价格跟随产业供需情况呈现季节性、周期性的波动规律，易形成公允价格。马铃薯生产区域较为集中，甘肃、内蒙古等北方作区集中了全国 40% 左右的马铃薯生产，其中甘肃马铃薯产量约占全国 13%，6 个马铃薯优势产区种植面积占到全省面积的 70% 以上，在西北马铃薯产业发展中具有较大的代表性。

二、仓储设施现代化水平提升，产业链日趋完备

传统存储马铃薯的方式主要是地下土窖和半地下式土窖，成本

低廉、操作简易，便于短期内存储马铃薯，拉长上市期，但对需长期储藏的马铃薯，无法做到准确监测温湿度，不利于越冬管理。2016 年我国提出马铃薯主粮化的战略政策以来，地上气调库等现代化仓储设施大面积开始建设，有利于进一步提高马铃薯产业化程度。截至 2020 年，甘肃省建成 1 000 吨的种薯贮藏库 388 座，新增种薯贮藏能力 38 万吨，建成马铃薯加工企业 100 多家，其中年收购 3 万吨马铃薯以上的企业 27 家，产业链逐步完备。

三、标准化程度提高，市场化价格形成机制逐步完善

近年来，在国家对马铃薯产业的关注和扶持下，部分地区的马铃薯产业标准化有所提升。如甘肃省建立健全了三级脱毒种薯扩繁体系，每年向外省供应原原种 3 亿粒以上，年均销售鲜薯 350 万吨，并初步建成 1 个省级、4 个市级、28 个县级的三级种薯质量检测体系，确保产品质量标准。同时，我国建成甘肃定西马铃薯国家级交易市场，在 20 多个省市建成马铃薯批发交易市场，其中甘肃马铃薯批发市场 10 多个、购销网点 1 500 多个，有助于促进马铃薯市场化价格形成机制的进一步完善。

第二节　指数编制目标

一、提高市场透明度，促进产销对接

价格指数是高度系统化、标准化的数字信息，可以满足行业对价格信息不同维度的诉求，为市场交易提供价格参考基准，服务产销两端。通过持续的发布和专业化的运营，采取信息共享、信息交互手段，有助于提高市场要素透明度，促进产销对接，降低制度性交易成本。

二、促进行业标准化发展，倒逼转型升级

农产品标准化是解决农产品质量安全和促进农业提质增效的关键环节。马铃薯价格指数选择主流规格品作为研究对象，深入分析

甘肃省马铃薯批发市场交易情况，最终确认具有代表性、易操作的行业规格品。通过马铃薯规格品的选定，以等级标准化为突破口，助力马铃薯分级制度的完善，倒逼生产标准化，带动马铃薯物流标准化。

三、扩展应用场景，提高产业活力

马铃薯种植适应范围广，增产空间大，种植区域几乎覆盖所有省份，是中国重要的粮食作物、经济作物和饲料作物。马铃薯产业在助力脱贫攻坚、促进农业高质量发展和实施乡村振兴战略等方面发挥着重要作用。为促进马铃薯市场平稳有序运行，推进实现优质优价，客观研判马铃薯产业发展方向，以信息引导马铃薯的保险金融产品不断完善，加强供需形势监测预警，以甘肃省为样板打造马铃薯价格指数。

第三节　指数设计思路

马铃薯价格指数的设计思路包括指数名称、采价对象、数据采集管理等。

一、指数名称

经过对全国及甘肃省马铃薯数据资源情况梳理，将指数名称定为"中国（甘肃）马铃薯批发价格指数（菜用型）"，有三方面的原因：一是甘肃省马铃薯播种面积 1 000 万亩以上，约占全国的 13.5%，占西北地区 53.3%，有完备产业链、较强的产业话语权。二是甘肃省是西北地区马铃薯批发交易的周转地区，也是中国国家级马铃薯交易市场所在地，在全国具有一定代表性和市场价格话语权。三是批发价格采价体系稳定、用途相对清晰、产品特征明确，可以作为指数的编制对象。马铃薯收获上市具有显著季节性，田头价格、电商价格的持续性或代表性较弱，而批发交易具有一定可持续性，以批发价格作为采价环节，便于形成示范性模式进行后期推广应用。

二、采价对象和标的

结合对甘肃省马铃薯产业的实际调研情况，确定采价对象为甘肃省内有代表性的、具有科学采价体系的、能够持续稳定报价的重点农产品批发市场；采价标的是 0.15 千克以上主流交易的菜用型马铃薯；采价频率是日度。

三、采价渠道和方式

采价渠道是甘肃省 11 个地级市的 15 个批发市场（其中 12 个批发市场为农业农村部批发市场报价体系中的现有市场；新增 3 个批发市场，分别位于武威市、张掖市、庆阳市），详见表 13 - 1。采价方式是通过对接国家农业大数据中心直接采集。

表 13 - 1　马铃薯价格指数采集的批发市场信息

单位：万吨，%

序号	批发市场名称	所在地市	所在地市薯类产量	覆盖范围占甘肃省比重
1	兰州国际高原夏菜副食品采购中心	兰州市	10.62	4.9
2	兰州大青山蔬菜瓜果批发市场服务有限公司			
3	甘肃酒泉春光农产品市场有限责任公司	酒泉市	0.28	0.1
4	张掖绿洲农副产品综合交易市场	张掖市	22.61	10.4
5	金昌市金川天然农产品发展有限责任公司	金昌市	2.98	1.4
6	武威昊天农产品交易市场	武威市	16.26	7.5
7	甘肃邦农农产品批发市场	白银市	14.70	6.8
8	甘肃靖远县瓜果蔬菜批发市场			
9	甘肃陇西县清吉洋芋批发市场	定西市	55.79	25.7
10	甘肃定西市安定区马铃薯批发市场			
11	甘肃天水瀛池果菜批发市场	天水市	19.28	8.9
12	甘肃省武山县洛门蔬菜批发市场			

（续）

序号	批发市场名称	所在地市	所在地市薯类产量	覆盖范围占甘肃省比重
13	平凉新阳光农副产品有限公司	平凉市	19.31	8.9
14	庆阳市西峰西郊瓜果蔬菜批发有限责任公司	庆阳市	10.37	4.6
15	临夏市富临农副产品批发市场有限责任公司	临夏回族自治州	18.02	8.3
	合　计		190.22	87.5

第四节　指数编制方法

一、绝对指数编制方法——加权平均法

以样本批发市场的 0.15 千克以上主流交易的菜用型马铃薯价格为基础价格，根据上一年各样本市场的马铃薯批发量及其所在地级市的马铃薯产量分配各样本市场的权重。同时，考虑到价格单位过小容易导致数值波动不清晰，因此采用"元/吨"的计量单位。绝对指数的编制方法可写作

$$P（绝对指数）= \sum_{i=1}^{15} \omega_i \cdot P_i \qquad (13-1)$$

式中，P（绝对指数）为编制的绝对价格指数，单位为元/吨；P_i 为第 i 个批发市场的日度价格，单位也是元/吨；ω_i 为对应的权重，且 $\sum_{i=1}^{15} \omega_i = 1$。

二、相对指数编制方法——拉氏物价指数

编制相对价格指数时，主要借鉴拉氏物价指数的方法，但考虑到一些样本批发市场对上一年马铃薯批发量的统计信息不完整，因此根据上一年各样本市场的马铃薯批发量及其所在地级市的马铃薯产量分配各样本市场的权重 ω_i，需将指数编制方法进行相应调整。

以每 5 年为一个周期，每个周期的第 1 年的 1 月 1 日为基期。例如 2020—2025 年，以 2020 年 1 月 1 日为基期；2025—2030 年，以 2025 年 1 月 1 日为基期。第 i 个批发市场在基期的权重为 ω_{0i}，0.15 千克以上主流交易的菜用型马铃薯批发价格为 P_{0i}；在观察期的权重为 ω_{1i}，对应的马铃薯批发价格为 P_{1i}。于是，相对指数编制方法可写成

$$P(\text{相对指数}) = \sum_{i=1}^{15} \left(\frac{\omega_{1i} \cdot P_{1i}}{\omega_{0i} \cdot P_{0i}} \right) \times 1\,000$$

需要注意的是，此处只要求 P_{0i} 和 P_{1i} 的计量单位统一，不要求必须是元/吨。

第五节　指数运行分析

一、绝对指数和相对指数的比较分析

该指数 2020 年 11 月 1 日开始测试发布，其中中国（甘肃）马铃薯批发价格指数（菜用型）的绝对指数与全国均价的走势见图 13-1，相对指数走势见图 13-2。

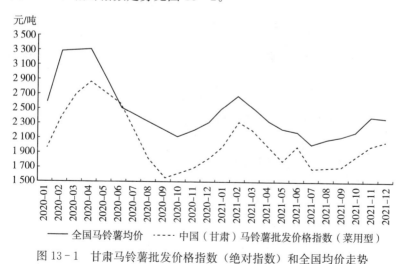

图 13-1　甘肃马铃薯价格指数（绝对指数）和全国均价走势

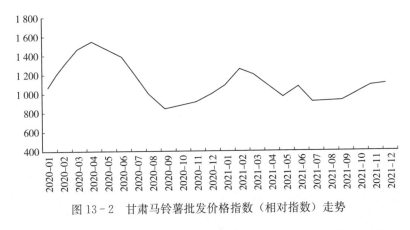

图 13-2　甘肃马铃薯批发价格指数（相对指数）走势

比较图 13-1 和图 13-2 可以发现，不管是绝对指数还是相对指数，都能反映马铃薯价格变化趋势，总体走势基本相同，但仍有一些区别：一是绝对指数带有计量单位，可以作为现货交易价格参考，而相对指数更主要是服务于价格趋势的了解和研判；二是绝对指数是不同市场当天成交价格的集中显示，相对指数不仅反映马铃薯价格走势情况，也反映了 CPI 变化对甘肃马铃薯价格的影响。

二、甘肃马铃薯市场走势分析

由马铃薯价格指数可知，甘肃省作为马铃薯主产区之一，其产地价格一直低于全国均价，对稳定全国马铃薯平均价格起到了重要作用。2020 年和 2021 年马铃薯价格指数走势及原因分析如下。

1. 2020 年马铃薯价格指数先上涨后回落，总体高位运行

2020 年 1—4 月，马铃薯市场供应主体为 2019 年产季马铃薯，因库存量和上市供应量不断减少，价格指数持续上涨，绝对指数上涨至每吨 2 868 元，相对指数上涨至 1 559；5—7 月，2020 年产季春薯上市，价格逐步回落，绝对指数下跌至每吨 2 164 元，相对指数达 1 176，但没有明显缓解供求关系偏紧局面，价格总体偏高。主要原因：一是库存薯供应减少。由于 2017—2018 年马铃薯价格持续低迷，利润微薄，2019 年不少农户退出马铃薯生产，当年产

量明显下降，库存薯数量减少。估计 2019 年库存薯数量为 2 000 万吨，低于常年同期 2 300 万吨水平。二是冻害减产。2020 年春季气温较常年偏低且持续时间较长，部分春薯产区 4 月出现两次"倒春寒"，5 月中旬又发生冰雹灾害，生长关键期遭受冻害，春薯减产。2020 年春薯产量约 4 000 万吨，低于常年 4 300 万吨产量水平。三是消费旺盛。2020 年新型冠状病毒肺炎疫情发生后，城乡居民外出采购频次降低，马铃薯等易存储蔬菜采购数量增加，马铃薯市场需求增强，刺激马铃薯价格上涨。8—12 月，2020 年产季秋薯上市，价格稳中有涨，但总体不高。12 月绝对指数和相对指数分别达到每吨 1 812 元和 985。主要原因：一是秋薯产量增加。受 2019 年薯市行情较好和 2020 年春薯价格较高影响，2020 年秋薯种植户生产积极性高涨，纷纷扩大种植规模，马铃薯市场供应量同比增加。二是秋薯品质偏低。2020 年秋薯生长发育关键时期（7—8 月），大部分秋薯产区气温偏低、降水较多，导致马铃薯品相较差、个头较小，含水量偏高，贮藏期间腐烂和发芽现象增多，品质下降拉低马铃薯市场价格。

2. 2021 年价格先下跌后止跌转涨，总体价格低位运行

2021 年 1—4 月，马铃薯市场供应主体为 2020 年产季库存薯，价格持续下跌，绝对指数和相对指数分别跌至每吨 1 988 元和 1 081。主要原因：一是库存薯供应数量同比增加。2020 年马铃薯价格高企，马铃薯存储户对后市行情预期较高，捂货惜售、待价而沽现象普遍，2020 年下半年马铃薯销售进度较往年偏慢，大量库存薯延迟至 2021 年初扎堆上市，导致 2021 年前期马铃薯市场供应较往年偏多，推动薯价同比下跌。二是冬薯种植规模大幅增加。冬薯收获期一般为每年春节至五一，冬薯上市时节正值全国马铃薯市场空当期，薯价高，效益好。近几年，云南、贵州、广西和广东等地区冬薯种植面积快速扩大，冬薯市场供应数量明显增加，价格下行。5—8 月，春季马铃薯大量上市并成为市场供应主体，价格震荡下行，8 月份绝对指数和相对指数分别为每吨 1 685 元和 916。主要原因：一是市场供应大量增加。2020 年马铃薯市场行情较好，处于近几年高位水平，刺激 2021 年春薯产区种植规模普遍增加，春薯产量大幅高于 2020 年水平。二是马铃薯品质偏低。2021 年上半年，很多春薯产区低温和寡照天气较往年偏多，导致马铃薯品相较差、个头偏小、品质下降。同时，在 5 月份春薯采挖关键期，全国降水偏多，造成马铃薯含水量偏高，发芽、破损、腐烂等现象较重发生，销售价格随之降低。9—12 月，马铃薯市场供应主体为 2021 年产季秋薯，价格止跌转涨，12 月绝对指数和相对指数分别达每吨 2 039 元和 1 108。主要原因：一是秋薯产量减少。2021 年上半年春薯市场行情低迷，马铃薯种植收益较往年减少，部分地区甚至亏损，导致秋薯种植户生产积极性受挫，各大秋薯产区种植规模普遍低于 2020 年，其中甘肃省减少 3%。同时秋薯产区降水偏多，部分产区遭遇低温、冻害等不利天气，造成单产下降，进一步拉低了产量。二是市场需求增加。马铃薯消费以鲜食菜用为主。2021 年下半年，河南、河北、山东等多个蔬菜主产区遭遇洪涝灾害，蔬菜价格高涨，蔬菜同马铃薯互为消费替代品，菜价高企刺激了马铃薯市场需求的增加。

第十四章　瘦肉型白条猪肉价格指数

猪粮安天下，生猪对于中国的农业和百姓的生活都具有重要影响。2012年《国务院关于支持农业产业化龙头企业发展的意见》提出，"探索发展生猪等大宗农产品期货市场，鼓励龙头企业利用农产品期货市场开展套期保值，进行风险管理。"2015年猪肉被列为农业部全产业链农业信息分析预警首批试点的八种产品之一。2017年农业农村部信息中心联合大连商品交易所研制发布带质量标的的瘦肉型白条猪肉出厂价格指数，以期为生猪产业提供公开、公平、公正、权威的信息服务，为生猪期货的开发和上市提供价格参考和结算依据。

第一节　指数编制背景

一、生猪产业发展前景良好，是农业农村经济的支柱产业

我国高度重视生猪生产发展，生猪生产能力持续增强，生产效率大幅提升，成为农业农村经济的支柱产业。具体表现在：一是猪肉产量稳定增长。"十二五"期间，我国生猪生产总体保持稳定增长，生猪存栏量、出栏量和猪肉产量稳居世界第一位，保障了城乡居民猪肉消费需求。2021年，猪肉占肉类总产量的64%左右，始终是肉类供给的主体。二是生产效率明显提升。基础设施条件明显改善，自动饲喂、环境控制等现代化设施设备广泛应用，生猪标准化规模养殖发展步伐加快。三是生产区域化、产业化进程加快。生猪生产主要集中在长江流域、中原、东北和两广等地区，500个生猪调出大县出栏量占全国总量的70%以上，生猪养殖加工产业化进程

加快，大量社会资本投向生猪产业，涌现出一大批产业化企业集团。

二、生猪定点屠宰逐步规范，信息化建设取得积极进展

21世纪以来，全国生猪屠宰布局和结构优化调整步伐加快，技术水平升级加速。截至2015年末，全国规模以上屠宰企业2937家，比"十一五"末增长17.9%。生猪屠宰企业标准化生产、品牌化经营势头良好。部分品牌屠宰加工企业跨省配置生产资源，实现了连锁经营、冷链配送、直供直销，优质猪肉产品跨区域流通格局初步形成。目前，规模以上屠宰企业屠宰量占全国的68%，前50名屠宰企业屠宰量占全国的18%。生猪规模养殖场户养殖档案管理不断规范，并逐步实现从纸质档案向数字档案的转变，为构建猪肉产品质量安全体系奠定了基础。猪饲料原料营养成分基础数据不断充实，精准配方水平持续提高。物联网、互联网等信息技术逐步推广应用，养殖、销售、服务等线上线下结合，提升了生产效率和管理效能。重庆、湖北、湖南和浙江等省市构建了生猪及猪肉产品电子交易平台。

三、生猪市场波动较大，需要权威的价格信息引导

从历史数据看，受内外部环境变化影响，生猪价格波动较大，呈现周期性波动规律。如2004—2015年，我国生猪价格经历了3次明显波动。2013—2015年，价格下行阶段累计下跌44%，价格上行阶段，截至2016年3月已上涨70%。为描述刻画和分析展示生猪产业价格波动，多家机构探索研制并发布了多个涉及生猪的价格指数，如国家统计局发布的消费者价格指数（CPI）的重要组成部分就是猪肉价格指数，其所使用的猪肉的消费者价格以集贸市场和超市价格为主，每个月CPI调查员采价6次，每5天采一次，把6次价格的平均数作为该月的平均价格，指数编制时采用固定权重，按加权算术平均指数公式计算。生意社发布生猪（外三元）商品指数，根据采集的生猪售价每日计算并发布指数，该指数未公布

编制方法、猪的种类、样本采集区域以及权重制定的参考依据。因此，从已经发布的涉及生猪的价格指数看，普遍缺少质量标准，缺乏有效的信息引导；此外，有的指数发布频率低，不能快速反映价格波动，及时向市场主体发布预警信号，有的指数没有公开数据来源、编制方法等，难以确保客观、真实、准确。

为此，农业农村部信息中心与大连商品交易所合作，自2017年3月起探索发布中国第一个带有质量标的的白条猪肉出厂价格指数。

第二节　指数编制意义

一、为及时出台宏观调控措施提供决策参考

猪肉作为我国"菜篮子"重要商品，其价格和产量关乎民生保障和农民增收。中共中央、国务院和农业农村部有关部门高度重视猪肉保供稳价工作，2022年中央1号文件提出稳定基础生猪产能，防止猪价异常波动等要求。编制白条猪肉价格指数可准确反映我国各主要地区猪肉价格变化趋势，有助于政府部门更好地监测并保障生猪及猪肉产能，为国家宏观调控提供数据基础和参考，进一步助力做好猪肉保供稳价等民生保障工作。

二、有利于产业主体管理价格风险

生猪产业发展对我国经济影响较大，猪肉价格已经成为影响消费者价格指数的重要因素，事关产业链上下游企业正常生产经营。研发我国白条猪肉价格指数并推动指数衍生品上市，其重要性和必要性日渐凸显。同时，基于该指数研发保险、期货等金融产品，可为相关企业提供管理猪肉远期价格风险的良好工具，通过在期货市场配置套期保值交易头寸，缓解现货价格大起大落对生产经营造成的冲击，保障产业链企业在价格波动时稳定经营。

三、有利于推进产业转型升级

在非洲猪瘟和新型冠状病毒肺炎疫情影响下，农业农村部在

"十四五"有关发展规划中多次多处强调生猪养殖和屠宰产业升级转型，提出"推动农产品加工信息化""发展智慧畜牧"等要求，白条猪肉价格指数可以本轮生猪屠宰行业标准化、规范化、数字化、现代化发展为契机，完成自动化数据报送模式和系统建设等优化工作，同时更好地引领推动产业转型升级。

第三节 指数设计思路

瘦肉型白条猪肉出厂价格指数的设计包括指数名称、样本空间、选样方法、指数编制方法等。其中，指数编制方法在第四节详细阐述。

一、指数名称

经多方讨论和研究，指数名称定为瘦肉型白条猪肉出厂价格指数，主要考虑三方面原因：一是规范采价对象为瘦肉型猪肉。中国现有猪的品种很多，一般可分为瘦肉型、脂肪型和兼用型三种。当前规模化养殖中多采用大白猪、长白猪、杜洛克、皮特兰、汉普特等外国猪种的杂交品系，但我国同样有许多优秀的地方品种猪资源。为明确采价对象，需要进行规范限定。二是明确采价环节为屠宰环节。屠宰环节对白条猪肉的等级规范比较明确、采集信息更为完整。三是明确编制成果为价格指数。

二、样本空间

瘦肉型白条猪肉出厂价格指数选取各地主要大型生猪屠宰企业，并按下列情况进行剔除：

——成立时间不足五年的企业；

——经营状况异常或近1~2年内财务状况有重大问题的企业；

——瘦肉型白条猪肉质量存在明显问题或质量不稳定的企业；

——其他应该剔除的情况。

目前指数样本空间为139家。

三、选样方法

瘦肉型白条猪肉出厂价格指数的样本区域选择在主产销区，以冷鲜销售为导向的地区为主。样本企业的选取根据以下三个步骤进行：

1. 确定采价对象

从生猪贸易流通过程来看，一般经由养殖—收购—屠宰加工—批发—零售等环节，最终到消费者。目前，我国生猪（猪肉）价格形成主要经历生猪收购、屠宰加工和（猪肉）批发零售三大环节。每个环节生猪（猪肉）价格形成过程不同，但各环节价格相互制约、相互影响。其中，又以屠宰加工环节影响最大，该环节处于生猪（猪肉）产业链的中端，连接上游生产和下游消费，是生猪（猪肉）价格形成的关键环节。从生猪（猪肉）价格指数编制角度看，屠宰场的宰后结算价的信息量最为完整，有明确的等级、价格、数量等信息，代表更多生猪产品的变化趋势，是价格采集的首选。因此，选择屠宰企业作为采价对象。

2. 确定采价区域

根据各省份生猪生产、消费能力，物流条件及区域的广泛性，结合区域内市场交易的成熟程度、行业内知名度等指标，判定可选省份。选定省份包括河南、山东、河北、天津、北京、湖北、辽宁、吉林、黑龙江、湖南、四川、广东、浙江、福建、安徽、江苏，计 16 个；上述 16 个省份的屠宰量占全国规模以上屠宰企业屠宰量的 78%，基本覆盖生猪主产主销省份。

3. 遴选样本企业

按各省内规模以上（日屠宰量 500 头及以上）企业的鲜销量，即企业"月度屠宰量"与"常规鲜销率"两项乘积，进行省内排名，从高到低选取样本企业名单；根据上述 16 个省份的市场规模，结合企业近三年的运营状况等指标，分配各省样本企业的个数。不同省份的企业数量不尽相同，总样本量占以冷鲜销售为导向的地区为主的 16 个省份，即主产销区的日屠宰量 500 头及以上大型规模屠宰企业总样本数量的 90%。

四、样本企业的临时调整

在样本企业发生重大、特殊事件以致不满足前述样本空间条件时，须进行必要的临时调整。

特殊事件包括但不限于以下：样本企业破产、鲜销量大幅下降（非区域内因行情等导致的普遍现象，单日下降幅度超过 20％并持续 3 日及以上）、企业经营不善（企业被曝光不良记录，如食品安全操作不规范、上市企业季度报告中经营业绩出现 25％及以上下滑、市场上传出企业面临停产、无法偿还贷款等并经核实）等。

样本企业调整实施前，应尽早公布样本企业调整名单并及时发布声明。

第四节　指数编制方法

一、标的确认

在标的样本的指标选择上，以屠宰企业最为通用的背膘厚度作为首要标准，并以不同企业的其他自有指标（如瘦肉率等）作为辅助观察指标。通过研究美国芝加哥商品交易所瘦肉猪指数（Lean Hog Index）演变过程及编制原理（详见第九章），可以看到，以背膘厚度作为标的标准是合理并可实施的。

经调研分析，由于样本企业分布范围较广，南方与北方企业白条猪肉的划分标准不完全一致，在样本企业中，主销 2.5～3.0 厘米产品的企业最多，约占 40％；主销 2.0～2.5 厘米或 3.0～3.5 厘米背膘厚度产品的企业各占约 25％；主销其他背膘厚度产品的企业占比不足 10％。根据覆盖企业数最大化的原则，应选取 2.5～3.5 厘米为此次采价的背膘厚度范围。因此，按照样本企业的膘厚波动范围以最接近于"2.5～3.5 厘米"级别作为标的取值。

二、权重设置

参考美国芝加哥商品交易所瘦肉猪指数编制方法，结合中国屠宰行业标准以及企业通用指标，采取猪肉酮体重量，即屠宰企业鲜销量作为权重分配依据。

三、指数编制

瘦肉型白条猪肉出厂价格指数计算公为

$$猪肉价格指数 = \omega_1 P_1 + \omega_2 P_2 + \cdots + \omega_n P_n \qquad (14-1)$$

式中，ω_i 是第 i 家屠宰企业鲜销量占 60 家屠宰企业总鲜销量的比重，P_i 是第 i 家屠宰企业销售的满足质量标的要求的白条猪肉的日度出厂价。

四、指数修正

设定指数值变化率阈值为 5%，当超过该阈值时，系统将自动提醒并交由人工进行审核；阈值可根据市场情况进行修正。

第五节 指数运行分析

一、指数运行情况

指数运行经历了测试发布、正式发布、应急管理等关键环节。

1. 指数准备和测试发布

2017 年 1—3 月，指数编制团队完成了指数计算稳定性复核和指数的测试发布，主要包括四方面内容。一是修改完善《瘦肉型白条猪肉出厂价格指数编制方案》《瘦肉型白条猪肉出厂价格指数管理方案》。根据专家组的评审结果，在充分考虑专家组意见的基础上，结合实践经验，进行修改完善，使其兼顾专业性、科学性、权威性和可操作性。二是对猪肉价格指数进行稳定性测试。根据以上两个方案，对猪肉价格指数历史数据进行稳定性测试，重点关注指数波动幅度、周期性以及猪肉酮体重、屠宰量等，并分析影响因素。三是制定解读报告的模型。充分考虑社会经营主体的关注热点，结合中国农业信息网对创新性、权威性、社会性、科学性的要求，经过多方多次论证后，确定报告模板。四是设计开发"价格指数"发布栏目。综合猪肉价格指数的经济社会影响、大连商品交易所对发布页面的建议、中国农业信息网的版面风格等多方面因素，设计开发"价格指数"栏目。

2. 指数正式发布和运行

经过前期充分的数据分析和研究论证，2017 年 3 月 24 日，农业部信息中心（今为农业农村部信息中心）联合大连商品交易所成功举办"大宗农产品市场信息共同行动计划"签署活动，正式在中国农业信息网发布瘦肉型白条猪肉出厂价格指数。这是中国第一个有质量标的的猪肉价格指数，对探索利用信息、金融手段完善农业市场经济体制，服务三农发展具有示范指导意义，得到央视新闻频道、财经频道、期货日报、农民日报等多家媒体的广泛关注。为更科学、更严谨、更有序推动合作项目，印发了《瘦肉型白条猪肉出厂价格指数编制发布工作方案》，明确工作目标、工作原则、主要内容、工作机制、具体工作安排、保障条件、保密要求等，确保工作持续开展。截至 2023 年 2 月底，该指数已平稳运行 5 年零 11 个月，累计发布日度价格指数 1 500 余期，解读报告 345 期。

3. 指数应急管理

指数发布以来，遭遇了非洲猪瘟疫病、新型冠状病毒肺炎疫情等多个突发性事件的冲击，为了保障指数发布的稳定性、准确性，及时启用应急管理机制。

一是在猪肉价格指数调整权重前后加强监测。根据既定的调整猪肉价格指数权重的时间，提前一周安排猪肉价格指数工作组的分析人员和数据运维人员分别开展市场监测和数据监测，并启动数据传输的"双保险制度"，持续一个月，确保指数发布无误。

二是对热点问题加强监测。如针对 2018 年初的雨雪冰冻天气，撰写了《暴雪开年中原猪肉价格飘红》的预警报告；针对春节过后猪肉价格大幅下跌的情况，与农业农村部畜牧业司、全国畜牧总站、农业农村部生猪全产业链信息分析预警团队进行咨询和会商，判断主要是由节日效应淡去、猪肉消费疲软，再加上我国畜牧业当前发展出现供给多、市场波动多，以及信息、保险、技术服务多但效果有限的"三多"特征所致，猪肉价格指数下滑是正常的市场波动；针对非洲猪瘟影响猪肉价格，举行专家会商，撰写《非洲猪瘟疫情等对我国生猪市场形势影响分析及展望》，研判猪肉价格走势出现区域性差异。

三对特大冲击事件进行评估并及时调整指数权重。针对新型冠状病毒肺炎疫情造成个别地区屠宰企业停工，甚至少数样本企业不满足样本框要求的情况，紧急启动专家委员会评估研讨，将个别停工企业和地区的权重根据"就近"原则，即规模相近、距离将近，分配给其他企业和地区；对不满足样本框要求的企业，替换成备选样本企业。

二、指数运行取得成效

1. 初步实现了对农业信息资源的挖掘和共享

瘦肉型白条猪肉出厂价格指数在农业农村部信息中心、大连商品交易所等单位的信息技术平台基础上，建立紧密型专家团队，充分挖掘高校和科研单位专家资源。在农业农村部系统内，密切会商相关业务司局，挖掘生猪价格系列数据间的逻辑关系；在社会上，与中国肉类协会、优质农产品开发服务协会等团体和中粮集团肉食分公司等企业推行信息共享，为生猪市场提供公开、公平、公正、权威的信息服务。

2. 完善了信息服务体系，提升了市场透明度

瘦肉型白条猪肉出厂价格指数是国内公开发布的第一个带有质量标的大宗农产品价格指数，具有较强的横向、纵向可比性。指数编制采用屠宰企业出厂价，采自生猪（猪肉）产业链中端的屠宰加工环节，可以综合反映上游生产和下游消费信息，信息量最为完整，有明确的等级、价格、数量等信息，可以作为更多生猪产品价格采集和指数编制的范本，也可以作为定价参考标准。每日发布河南、山东、河北、天津、北京、湖北、辽宁、吉林、黑龙江、湖南、四川、广东、浙江、福建、安徽、江苏 16 个省份的猪肉价格

总指数、分区域价格指数和分省价格指数，每周发布解读报告，促进了对以冷鲜销售为导向的主产销区生猪市场引导，提升了市场透明度。

3. 探索了信息化、大数据与实体经济结合的路径

首先，瘦肉型白条猪肉出厂价格指数的猪肉出厂价格，采自信息量最为完整、信息化基础条件较好的屠宰加工环节。其次，本指数充分使用信息化手段，通过信息化平台完成自动清查、编制、审核、发布、存储、比较猪肉价格。第三，本指数发布的信息化产品可作为生猪屠宰企业的定价参考，将来还可以用于研发有关指数期货、保险等金融产品，以便更好地分解生产和市场风险，服务农业实体经济。

为此，猪肉价格指数一经发布，就被央视二套"经济信息联播"、央视十三套"新闻直播间"、期货日报、中国证券报、农民日报等多家媒体进行报道。其中，央视二套"经济信息联播"节目和中国证券报深入剖析信息不畅是"猪周期"不断的根源，农业农村部信息中心与大连商品交易所合力推出瘦肉型白条猪肉出厂价格指数，是完善信息体系、提升市场透明度、破解"猪周期"怪圈的重大创新性举措，有助于为生猪期货的上市提供价格参考和计算依据，为指数类金融衍生品的研发奠定数据基础。在指数连续发布运行 5 年多的时间内，受到市场主体广泛关注，持续被中央人民政府网、人民网、央视网、中国新闻网、中国经济网、中国证券网、期货日报等 213 家媒体报道和转载。基于该指数的多篇分析报告，已经成为政府决策和市场主体经营的重要参考工具。

4. 为进一步开发价格指数期货等金融衍生品奠定基础

近 10 年来，我国生猪养殖产业规模化、规范化及标准化水平加速提升。总体来看，我国生猪在市场规模、标准化、市场化以及交割便利性等方面满足开展期货交易的可行性条件，生猪期货上市的产业基础已经基本具备。瘦肉型白条猪肉出厂价格指数有助于保障品种平稳运行和良好功能发挥，引导社会舆论对生猪价格与消费

者物价指数波动关系形成正确认识。同时，16 个省份猪肉价格的发布，也便于分析研究生猪市场的区域特征，有助于进一步完善价格指数的采价标准，提高准确性和权威性，将来可考虑成为期货结算的定价参考，为开发猪肉指数期货品种奠定基础，助力探索基于信息化、大数据、金融衍生品的现代化经济体制。

第十五章　蛋鸡养殖利润指数

蛋鸡的饲养生产在畜牧业中是一项比较传统、常见的项目。蛋鸡养殖在畜牧业生产中能给养殖户带来一定的经济效益，产业呈规模化发展趋势。一批蛋鸡的养殖能否给养殖户增加经济效益，是每户养殖户最关心的问题。为此，大连商品交易所团队基于鸡蛋、玉米、豆粕期货价格，在 2008 年研制并推广使用蛋鸡养殖利润指数。

第一节　指数编制背景

一、我国是蛋鸡养殖大国但不是养殖强国

业内专家估计，9 亿～10 亿只开产蛋鸡即可满足国内鸡蛋消费需求。目前，我国实际蛋鸡存栏 14 亿～15 亿只，其中开产蛋鸡约 12 亿只。蛋鸡数量较多，但平均单产水平低于欧美和日本等发达国家和地区。

二、蛋鸡养殖场无定价权

终端蛋鸡养殖场目前处于分支行业的最低端，中间环节较多，费用全由养殖户买单，信息相对闭塞，没有定价权。只有借助价格指数等信息化产品的研发和发布，通过互联网信息传导功能，特别是移动互联网和微信的普遍应用，才能加快获取价格渠道和外界行业动态信息的速度。

三、蛋商不断转型升级

随着资本和金融的介入，中等规模养殖场和超大规模养殖场所占比例会越来越大，而大型鸡场基本都有自己的专业鸡蛋销售团队，

厂家直供商超或者自营或者加工，基本不再需要蛋商这个环节，例如现在的正大、圣迪乐、德青源、神丹和大连韩伟等品牌，而一些中等规模鸡场在各自区域运营一些特色鸡蛋或者品牌鸡蛋，在本地生产后直接供货到消费端或者本地销售点，也不再需要蛋商这个环节。

四、投资收益不稳定

目前，一只蛋鸡的饲养费用在 35 元左右（注：从进鸡雏饲养到产蛋 160 日龄左右），已创近几年的新高。工人工资、饲料、疫苗、兽药、水电费用等连年上涨，不断压缩终端养殖户利润，但鸡蛋价格近十多年一直比较稳定。蛋鸡行业进入一个微利甚至负盈利时代。

为了引导生产符合国家标准的鸡蛋、平稳市场价格和养殖利润，大连商品交易所编制和发布蛋鸡养殖利润指数，为解决这些困扰生产主体的难题提供了思路。

第二节　指数编制意义

一、充分利用期货价格预测功能，帮助养殖主体锁定利润

近年来，为保证原材料价格稳定，国内期货市场交易逐渐活跃，交易品种也日益增多。目前我国成立了 6 家期货交易所，截至 2021 年 12 月底，国内上市的期货、期权品种达到了 90 多个，期货市场发展势头良好。基于期货市场价格编制的蛋鸡养殖利润指数，依靠期货市场的价格发现功能和套期保值功能，引导实体企业合理安排原材料采购计划，完善库存管理，为实体企业稳定成本、养殖主体锁定利润提供保障。

二、给市场主体提供风险管理工具

蛋鸡养殖利润指数基于公开、透明、公正的期货价格数据编制而成，可以供保险公司、场外交易平台等使用，也为养殖户提供了新型农业风险管理工具。

第三节　指数设计思路

一、指数编制的前提假设

基于蛋鸡养殖产业情况简化设置指数编制的前提假设：

一是鸡蛋、玉米和豆粕的期货价格可以正确反映未来蛋鸡养殖的利润和成本水平。

二是蛋鸡定义的标准从产蛋青年鸡开始，正常青年鸡的生命周期为50周，即一年。

三是鸡蛋期货用12个月合约代表一年（即一个生命周期），玉米期货用6个月合约代表一年（即一个生命周期），豆粕期货用8个月合约代表一年（即一个生命周期）。

四是按照正常情况，一只产蛋青年鸡一天下一个蛋为标准。

五是产蛋青年鸡之后的一年里都能正常产蛋，没有疾病。

六是玉米和豆粕为产蛋青年鸡的主要饲料，豆粕提供蛋白，玉米提供热量。产蛋青年鸡一天饲料量中玉米占比60%～65%，豆粕占比20%～25%。玉米和豆粕占比总饲料成本的75%～85%，其他饲料成本如豆油、蛋白粉、贝壳粉等，随着养殖场的不同而不同，这里设定为固定成本，占总饲料成本的20%，计算方式由玉米成本和豆粕成本倒推。根据历史数据研究，设定豆粕和玉米的系数分别为0.45和1.3。

七是饲料中麸皮和小石子由于价格非常低，忽略不计。

八是从产蛋的青年鸡开始计算，不考虑建鸡舍初始成本，认为养殖场已经具备一定基础。

二、指数基期选择

2013年11月8日。

三、指数构成

鸡蛋、豆粕和玉米的期货合约价格。

四、合约选择与展期

1. 合约选择

各品种成分合约为主力合约，即持仓量最大的合约，持仓量相同时选择成交量大的合约，成交量再相同则选择远月合约。

2. 展期方式

判断期 x 天，展期天数 5 天。每日收盘后判断当日主力合约，如果出现新主力合约，则下一交易日开始进行 5 日展期，展期遵循不回撤原则。

当前各品种展期判断期 x：鸡蛋、豆粕、玉米均为 1 天。

各品种的展期判断期天数 x 每年重新判定一次，依据此前三年的行情数据。

五、异常情况处理

一是成分合约突然被强制摘牌（非正常到期摘牌）。当合约被强制摘牌时，选取远月合约中持仓量最大的合约价格，替代被摘牌合约价格计算指数；其他异常情况，交易所将根据实际情况，实施应对措施。

二是期货交易所认定的其他异常情况。

第四节 指数编制方法

指数采用实时计算，同时每日收盘后计算发布结算价指数，结算价指数由各成分合约的结算价计算得出。

一、最新价指数（实时）

1. 指数计算

$$I_{d,t} = \sum_{n=1}^{3} P_{d,t}^n \cdot w^n \qquad (15-1)$$

式中，$I_{d,t}$ 为指数在 d 日 t 时刻的最新值；$P_{d,t}^n$ 为成本品种 n 的主力

合约价格在 d 日 t 时刻的最新值；w^n 为品种 n 的计算系数，鸡蛋 $w^1 = 2$，豆粕 $w^2 = -0.45$，玉米 $w^3 = -1.3$。

2. 主力合约价计算

设 $P_{1,d,t}^n$ 为品种 n 当期标的合约在 d 日 t 时刻的最新价，为品种 n 下一期标的合约在 d 日 t 时刻的最新价。

非展期期间：$P_{d,t}^n = P_{1,d,t}^n$ （15 - 2）

展期期间（i 表示展期第 i 日，共 5 天）：

$$P_{d,t}^n = (1 - i \times 0.2) \cdot P_{1,d,t}^n + i \times 0.2 \cdot P_{2,d,t}^n,$$
$$i = 1, 2, \cdots, 5 \quad (15 - 3)$$

二、结算价指数（日度，每日收盘后计算）

1. 指数计算

$$IS_d = \sum_{n=1}^{3} S_d^n \cdot w^n \quad (15 - 4)$$

式中，IS_d 为 d 日的结算价指数，S_d^n 为成分品种 n 在 d 日的主力合约结算价。

2. 主力合约结算价计算

设 $S_{1,d}^n$ 为品种 n 当期标的的合约在 d 日的主力合约结算价，设 $S_{2,d}^n$ 为品种 n 下一期标的的合约在 d 日的结算价。

非展期期间：$S_d^n = S_{1,d}^n$ （15 - 5）

展期期间（i 表示展期第 i 日，共 5 天）：

$$S_d^n = (1 - i \times 0.2) \cdot S_{1,d}^n + i \times 0.2 \cdot S_{2,d}^n,$$
$$i = 1, 2, \cdots, 5 \quad (15 - 6)$$

第五节　指数运行分析

一、指数运行走势

从蛋鸡养殖利润指数走势图可以发现：

一是蛋鸡养殖利润存在明显的周期性特征，在部分时间范围内甚至存在大周期套小周期的情况。例如，2014 年 2 月—2016 年 3

月为一个明显大周期，2016 年 3 月—2018 年 4 月中间套叠两个小周期。二是养殖的平均利润相对稳定，利润指数在平均水平上下波动。2020 年以前，蛋鸡养殖利润指数的平均取值在 4 000 左右，2021 年后有所回落，但也总体稳定在 3 000 以上（图 15 - 1）。

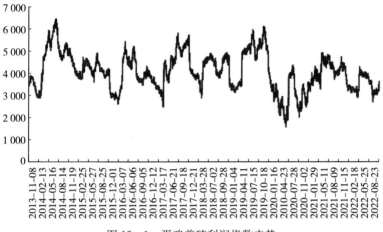

图 15 - 1　蛋鸡养殖利润指数走势

二、指数应用

蛋鸡养殖利润指数为"保险＋期货"业务提供了价格基准，为养殖户提供了新型农业风险管理工具。所谓"保险＋期货"，即农民向保险公司购买保险产品、保险公司向期货公司风险管理子公司购买场外期权进行再保险、期货公司风险管理子公司利用期货市场对冲价格波动风险。对于农民来说，可简单理解为参考期货价格购买保险产品，如果到期时相关期货合约价格（或据此测算的收益）低于赔付标准，即可获得相应数额的赔付。这一模式既借助期货市场完成了最终的风险对冲，又以保险形式让农民容易理解和接受。饲料是蛋鸡养殖成本中的重要部分，其主要成分豆粕和玉米，均为在大连商品交易所上市的成熟期货品种，再加上鸡蛋期货，为养殖类"保险＋期货"项目的开展提供了充分的工具支持。

以河南省周口市扶沟县为例。近几年，蛋鸡养殖已经成为扶沟县新的支柱产业之一，但 2019 年的产能大增和 2020 年的价格回落，对扶沟县蛋鸡产业的稳定发展带来了挑战。蛋鸡养殖利润指数价格险项目覆盖了当地 80％以上中小规模场的 38.4 万羽蛋鸡，共承保鸡蛋 2 880 吨，每吨鸡蛋的保费为 330.67 元/吨，总保险金额为 892 万元。在大连商品交易所和地方财政等的支持下，养殖户只需自缴 95.23 万元总保费中的 26.61％。该项目运行期间，在蛋价快速回落、饲料价格明显上涨、养殖利润受到严重挤压的情况下，参保农户获得 69.37 万元的赔付，赔付率 72.84％，远高于农户自缴部分的保费成本，使蛋鸡养殖利润得到切实的保障。

"保险＋期货"模式形成了完整、严谨的业务链条，能够有效保障农民收益，同时还解决了农产品价格保险因保费难以覆盖价格波动风险、理赔概率远高于其他险种而无人问津的问题，因而获得了相关部委的高度认可，并于 2016 年首次写入中央 1 号文件。

第十六章　宠物饲料指数

"中国宠物产业·南和指数"由河北省邢台市南和区人民政府联合中国农业科学院农业信息研究所、农业农村部信息中心、中国农业科学院饲料研究所编制发布，具体包括宠物食品原料价格指数、猫粮价格指数、狗粮价格指数、猫砂价格指数、宠物食品供给指数。该指数可综合反映邢台市南和区宠物食品原料和产品价格水平、波动幅度及变化趋势以及宠物食品生产形势、销售前景和收入状况等。

第一节　指数编制背景

河北省邢台市南和区原本是一个名不见经传的内陆小县，近年来，在不足 300 亩的土地上，催生出了年产值超过 100 亿元的宠物食品产业。2018 年，这里还被授予了"中国宠物食品之乡"的荣誉称号。南和区宠物产业起步于 20 世纪 90 年代，截至 2021 年，已经拥有规模宠物食品生产企业 42 家，宠物用品企业 146 家，上下游链条企业 92 家，宠物产业及相关市场主体 8 500 余家，年产值达到 107 亿元，带动就业 6 万余人，产销量占到全国市场份额的 60%，已经成为全国最大的宠物食品生产基地。另外，猫砂产业也异军突起，年产量达 30 万吨，年产值达 12 亿元，成为全国最大的猫砂生产基地。

南和宠物产业的下一步发展方向及发展目标是，以科技引领宠物产业创新发展，将宠物产业打造成千亿级产业集群，让南和成为具有世界影响力的"中国宠物产业之都"。由河北省邢台市南和区人民政府联合中国农业科学院农业信息研究所、中国农业科学院饲料研究所和农业农村部信息中心研究编制发布的"中国宠物产业·

南和指数"，以期通过 3 年的建设运行，打造中国宠物产业的"晴雨表"和"风向标"，为河北省邢台市南和区实施乡村振兴战略和力争建成"世界宠物产业之都"提供新支撑。

第二节　指数编制意义

编制发布"中国宠物产业·南和指数"，在服务政府决策、科学分析研判宠物产业发展和市场形势以及提升市场价格话语权、完善产业链建设等方面均具有重要的作用。

一、服务政府、企业、个人科学决策

中国宠物产业·南和指数能够反映宠物市场波动、幅度、趋势及规律，一方面，可作为政府宏观调控的依据，作为政府制定未来政策的支撑；另一方面，可为政府、企业和个人进行微观经济决策提供重要参考。编制发布中国宠物产业·南和指数，不仅可以向社会提供公正、透明的宠物食品原料、宠物食品、猫砂价格以及市场供给情况等信息，而且可以帮助市场参与主体根据产业指数的实时表现及时把握市场行情与变化趋势，指导其进行投资经营决策。

二、提升市场价格话语权

中国宠物产业·南和指数的编制发布，能够为河北省邢台市南和区乃至全国宠物食品提供客观、科学、量化的市场价值基准，实现大数据和宠物食品实体经济的深度融合，可以更好地反映产业发展前景、市场供求变化等，完善全国宠物食品价格形成机制，推动邢台市南和区企业集群逐步掌控全国宠物食品市场定价权，具备市场主动权，规避市场风险。

三、提高品牌"溢价率"，延长品牌的产业链和价值链

中国宠物产业·南和指数的编制与发布，其实质是通过指数信

息将质量指标、服务承诺、生产经营主体信用等打包宣传推介，有助于进一步讲好"南和宠物食品故事"、唱响"南和宠物产业声音"，从而进一步提高品牌含金量和产品市场信用度，极大地增强消费者的品牌忠诚度和产品知名度，提高"品牌溢价率"。同时有助于带动土地、人才、投资等资源要素的流动，优化配置，延长南和宠物食品品牌的产业链和价值链，更好地实现河北省邢台市南和区宠物食品的品牌价值。

第三节　指数设计思路

一、构建宠物产业指数模型

关于产业指数的编制，国内的研究相比国外虽起步较晚，但目前亦取得了丰富的研究成果，很多学者提出了不同的指数编制模型，其中一些模型也在实际场景中被广泛应用。根据南和宠物产业发展的新态势和新特征，考虑宠物产业商品的特殊属性、样本数量情况，并综合考虑南和宠物产业数据的系统化、可获得性和可操作性，结合专家意见，最终构建"中国宠物产业·南和指数"模型。"中国宠物产业·南和指数"由宠物食品原料价格指数、猫粮价格指数、狗粮价格指数、猫砂价格指数和宠物食品供给指数5大指数所组成。

1. 宠物食品原料价格指数

作为衡量宠物食品原料流通、交易和市场活跃度的指标，能够综合反映并量化邢台市南和区宠物食品原料价格水平、波动幅度及变化趋势，可视为描述和反映宠物食品产业发展态势的先行指数。

2. 猫粮价格指数

作为衡量猫粮流通、交易和市场活跃度的指标，能够综合反映并量化邢台市南和区猫粮价格水平、波动幅度及变化趋势，可视为描述和反映宠物食品产业发展态势的同步指数。

3. 狗粮价格指数

作为衡量狗粮流通、交易和市场活跃度的指标，能够综合反映并量化邢台市南和区狗粮价格水平、波动幅度及变化趋势，可视为描述和反映宠物食品产业发展态势的同步指数。

4. 猫砂价格指数

作为衡量猫砂流通、交易和市场活跃度的指标，能够综合反映并量化邢台市南和区猫砂价格水平、波动幅度及变化趋势，可视为描述和反映猫砂产业发展态势的同步指数。

5. 宠物食品供给指数

作为衡量国内宠物食品生产及市场供给情况的指标，能够综合反映并量化南和宠物食品生产形势、销售前景和收入状况，可视为描述和反映宠物食品发展态势的先行指数。

二、宠物食品大数据监测布点和数据采集

中国宠物产业南和指数样本采集点的选择主要遵循以下几个原则：一是代表性：科学地选择在南和区确实具有较强代表性的企业或产品。二是连续可获得性：所选择的样本采集点，均有频繁的交易发生，且数据是持续可获得的。部分因采集数据比较困难或采集的数据质量不高的企业或产品不被选入样本。三是可比性：所选择的样本产品类型、质量要稳定，产品应是同类、同质可比的。

经调研并征求行业专家、从业人员意见，宠物产业大数据的监测布点和采集如下：依托河北省邢台市南和区农业农村局，在该区设立 26 家代表性样本数据监测采集点企业（覆盖该地区 90％以上的宠物食品生产企业）和 11 个代表性样本数据监测采集点企业（猫砂生产企业），负责按周采集并报送宠物食品原料价格指数、猫粮价格指数、狗粮粮价格指数和猫砂价格指数编制所需的原始数据。采用 26 家代表性样本数据监测采集点企业的月度用电量作为编制宠物食品供给指数所需的原始数据。

三、指数的发布频率

为了及时反映宠物产业市场信息，保证指数较强的时效性，并考虑产业数据的可获得性、可操作性和可比性，同时结合产业指数编制发布规则，宠物食品原料价格指数、猫粮价格指数、狗粮价格

指数、猫砂价格指数以周为基本发布周期，宠物食品供给指数以月为基本发布周期。

第四节　指数编制方法

一、指数计算公式

1. 一级指数计算公式

南和宠物产业指数·宠物食品原料价格指数＝玉米价格指数×权重＋鸡肉粉价格指数×权重＋肉骨粉价格指数×权重＋鸡油价格指数×权重＋大米价格指数×权重＋小麦价格指数×权重＋豆粕价格指数×权重

南和宠物产业指数·猫粮价格指数＝猫粮价格指数×权重
南和宠物产业指数·狗粮价格指数＝狗粮价格指数×权重
南和宠物产业指数·猫砂指数＝猫砂价格指数×权重
南和宠物产业指数·宠物食品供给指数＝企业产量指数×权重

2. 二级指数计算公式

$$某单个指标指数 = \sum 样本值 / 定基值 \times 100$$

二、指标权重的确定

在价格指数和产业指数不断发展和完善的过程中，权重数据的选择始终是科学计算指数的一项重要内容。综合考虑我国宠物产业及宠物食品市场的特点，选择宠物食品实际销量的市场占比为基础指标计算权重，反映交易规模对价格的影响作用。主要采用客观定量方法确定权重。

南和宠物产业指数·宠物食品原料价格指数中二级指标为玉米（一等、二等）、鸡肉粉、肉骨粉等6种原料价格指数，权重按照各自在配料总量中的具体含量占比确定。

南和宠物产业指数·猫粮价格指数由样本企业主要猫粮单品的价格加权平均合成，权重按每个企业每种猫粮单品的销量在总销售量中的比重确定。

南和宠物产业指数·狗粮价格指数由样本企业主要狗粮单品的价格加权平均合成，权重按每个企业每种狗粮单品的销量在总销售量中的比重确定。

南和宠物产业指数·猫砂价格指数由样本企业主要猫砂单品的价格加权平均合成，权重按每个企业每种猫砂单品的销量在总销售量中的比重确定。

南和宠物产业指数·宠物食品供给指数中的指标为 26 个代表性样本数据监测采集点企业的用电量，选取企业的用电量来反映宠物食品的产量及市场供给情况，权重按各企业具体用电量多少确定。

三、指数基值的选择

指数基值的选择对于指数现实意义的实现有着非常重要的作用，一方面，基值可作为指数的基准参考；另一方面，合适的基值有助于指数发挥更为有效的现实指导作用。通常情况下，作为衡量指数的基准值，基值的确定应该选择产品市场相对稳定的标准时期，既要反映产品市场的常态水平，又要考虑信息资料的可获得性和可比性。

综合考虑数据源的持续可获得性等因素，"中国宠物产业·南和指数"中各分类指数的基值选择如下：

1. 南和宠物产业指数·宠物食品原料价格指数定基值

以 2018 年第 1 周至 2020 年第 52 周的宠物食品原料价格均值作为定基值进行指数计算，以保证指数的连续性。

2. 南和宠物产业指数·猫粮价格指数定基值

以 2018 年第 1 周至 2020 年第 52 周的猫粮价格均值作为定基值进行指数计算，以保证指数的连续性。

3. 南和宠物产业指数·狗粮价格指数定基值

以 2018 年第 1 周至 2020 年第 52 周的狗粮价格均值作为定基值进行指数计算，以保证指数的连续性。

4. 南和宠物产业指数·猫砂价格指数定基值

以 2019 年第 1 周至 2020 年第 52 周的猫砂价格均值作为定基

值进行指数计算，以保证指数的连续性。

5. 南和宠物产业指数·宠物饲料供给指数定基值

以 2018 年第 1 周至 2020 年第 52 周的企业用电量均值作为定基值进行指数计算，以保证指数的连续性。

四、数据采集及处理方法

1. 南和宠物产业指数·宠物食品原料价格指数

用于宠物食品原料价格指数编制的相关数据主要采用 26 个样本数据采集点上报的玉米（一等、二等）、肉骨粉、鸡肉粉（蛋白含量 65％以上）、大米、豆粕、小麦（次粉）、鸡油的价格数据作为原始数据，并采取极值法对数据进行无量纲处理。

2. 南和宠物产业指数·猫粮价格指数

用于猫粮价格指数编制的相关数据主要采用 26 个代表性样本数据监测采集点企业上报的各自销量较好的南和猫粮单品的价格及销量数据作为编制猫粮价格指数的原始数据。对数据进行清洗整理后，采取极值法对数据进行无量纲处理。

3. 南和宠物产业指数·狗粮价格指数

用于狗粮价格指数编制的相关数据主要采用 26 个代表性样本数据监测采集点企业上报的各自销量较好的南和狗粮单品的价格及销量数据作为编制狗粮价格指数的原始数据。对数据进行清洗整理后，采取极值法对价格数据进行无量纲处理。

4. 南和宠物产业指数·猫砂价格指数

用于猫砂价格指数编制的相关数据主要采用 11 个代表性样本数据监测采集点企业上报的各自销量较好的南和猫砂的价格及销量数据作为编制猫砂价格指数的原始数据。对数据进行清洗整理后，采取极值法对价格数据进行无量纲处理。

5. 南和宠物产业指数·宠物食品供给指数

受数据源获得困难等因素影响，结合专家意见，借鉴"亮灯指数"的编制经验，采用南和区 26 家代表性样本数据监测采集点企业的用电量数据来作为编制宠物食品供给指数的原始数据，并采取极值法对数据进行无量纲处理。

第五节　指数运行分析

从宠物食品原料价格指数的整体变化趋势来看，2020 年第 11 周以前价格指数围绕在 99.00 上下小幅波动，其中历史低位出现在 2019 年第 16 周，跌至 98.32。2020 年第 11 周以来，宠物食品原料价格指数呈现波动上涨态势，从 2020 年第 11 周的 99.84，上涨至 2022 年第 30 周的 107.76，之后呈现稳中略降的态势（图 16 - 1）。2022 年第 34 周宠物食品原料价格指数微幅下调为 107.67。

图 16 - 1　2018—2022 年宠物食品原料价格指数变化趋势

从猫粮价格指数的整体变化趋势来看，2020 年第 34 周以前价格指数围绕在 100.00 上下小幅波动。2020 年第 35 周到 2021 年20 周，猫粮价格指数呈现波动上涨态势，从 2020 年第 35 周的104.99，上涨至 2021 年第 20 周的 112.46。2021 年第 13 周猫粮价格指数达到 114.88。2021 年第 23 周出现大幅下跌后围绕在100.00 上下小幅波动，其中历史低位出现在 2021 年第 35 周，跌至 94.14（图 16 - 2）。

从狗粮价格指数的整体变化趋势来看，狗粮价格指数总体呈震

图 16-2　2018—2022 年猫粮价格指数

荡上行的趋势，其中历史高位为 2022 年第 14 周的 119.45，历史低位为 2018 年第 7 周的 92.1（图 16-3）。

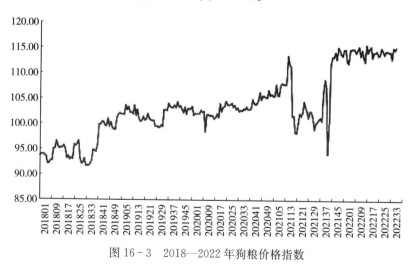

图 16-3　2018—2022 年狗粮价格指数

从猫砂价格指数的整体变化趋势来看，猫砂价格指数总体呈震荡下行的趋势，其中历史高位为 2019 年第 20 周的 105.78，历史低位为 2021 年第 42 周的 93.21（图 16-4）。

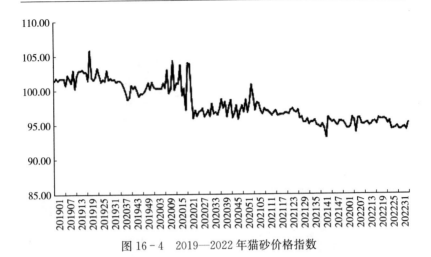

图 16 - 4　2019—2022 年猫砂价格指数

宠物食品供给指数季节性波动特征明显。高点一般出现在春节前后，低点均出现在春节期间。从宠物食品供给指数的整体变化趋势来看，历史高位为 2021 年 2 月份的 102.87，历史低位为 2022 年 6 月份的 96.90。2021 年 9 月以来，宠物食品供给指数呈先降后升的趋势，先是从 2021 年 9 月的 101.3 持续下跌至 2022 年 6 月的 96.90，2022 年 7 月止跌回升，微幅上调至 97.16（图 16 - 5）。

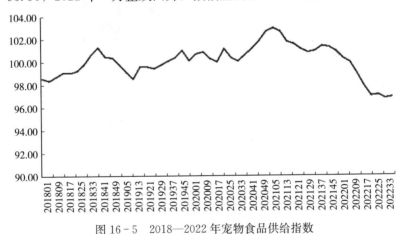

图 16 - 5　2018—2022 年宠物食品供给指数

第十七章　小叶苦丁茶产业指数

中国小叶苦丁茶产业·余庆指数是基于贵州省遵义市余庆县小叶苦丁茶企业数据，利用加权平均指数法、加权综合指数法、数据标准化等方法，针对小叶苦丁茶产业构建的指数体系，具体包括：中国小叶苦丁茶产业价格指数、中国小叶苦丁茶产业信心指数。中国小叶苦丁茶产业·余庆指数正式发布于 2022 年 6 月，以期通过 3 年的建设运行，力争把余庆指数打造成为中国小叶苦丁茶产业的"晴雨表""风向标"和"避雷针"，为遵义市余庆县数字化赋能乡村振兴、持续提升余庆小叶苦丁茶公共品牌价值提供强有力的数字化支撑。

第一节　指数编制背景与意义

苦丁茶在我国有着悠久的历史，是我国传统的药食两用植物代用茶，具有珍贵的药用和保健价值。早在东汉时期民间就有记载，约 25—225 年成书的《桐君录》记载："又南方有瓜芦木，亦似茗，至苦涩，取为屑茶，饮亦可通夜不眠。煮盐人但资此饮，而交广最重，客来先设，乃加以香芼辈。"目前，被称为苦丁茶的植物种类繁多，其中一类被大量开发的苦丁茶是木犀科的苦丁茶，即西南地区贵州、四川、云南和重庆等省（市）主要开发的女贞属苦丁茶，该属的苦丁茶被称为"小叶苦丁茶"，已在西南地区形成一定的产业规模。贵州省遵义市余庆县由于独特的气候优势，已成为苦丁茶种植主产区。近年来，余庆县苦丁茶产量逐渐增加，2021 年产量达 4 631 吨，产值达 3.52 亿元，在促进区域社会经济发展方面发挥着十分重要的作用。

因此，由遵义市余庆县人民政府联合中国农业科学院农业信息研究所、农业农村部信息中心和贵州省农业信息中心打造的中国小叶苦丁茶产业·余庆指数，将对推动茶产业创新发展、赋能茶叶品牌价值具有重要的现实意义。

一、发展小叶苦丁茶产业数字经济的现实需要

随着信息化和农业农村现代化深入推进，互联网、大数据、人工智能等现代信息技术正在与三农工作全面深度融合，逐渐成为农业生产经营、市场运行的重要支撑，日益成为现代农业的神经系统和推进农业农村现代化的核心关键要素。中国小叶苦丁茶产业·余庆指数的编制及发布恰好抓住了这一机遇，通过把数据这一新要素、数字技术这一新动能注入苦丁茶产业，促使小叶苦丁茶产业不失时机地把握和释放数字经济价值。

二、提升宏观调控能力和水平的创新举措

数据与农业实体经济的融合，正成为深化市场经济体制改革、提升政府治理能力和治理水平的有效途径。产业指数本身能为保险、期货、期权等金融衍生品的发展提供基础数据支撑，既是未来经济发展的新增长点，也是提升产业宏观调控能力和水平的有效工具。中国小叶苦丁茶产业·余庆指数可以成为政府监管茶叶市场的"风向标"、市场运行的"晴雨表"和市场风险的"避雷针"，有助于推动苦丁茶产业高质量发展和数字化建设，为余庆县、贵州省乃至国家的宏观调控提供经验借鉴。

三、打造余庆区域品牌的有效途径

余庆小叶苦丁茶是我国国家地理标志产品，讲好"余庆小叶苦丁茶产业故事"、唱响"余庆小叶苦丁茶产业声音"，不但有助于实现余庆小叶苦丁茶价格的稳步提升，帮助其释放品牌价值，促进产业兴旺，还能带动土地、人才、投资等资源要素的优化配置，做强、做优、做大余庆小叶苦丁茶产业链和价值链，使余庆的地理区

位优势理论和数字区位优势得到充分发挥和创新发展。

第二节　指数体系设计

一、指数分类

中国小叶苦丁茶产业·余庆指数包括中国小叶苦丁茶产业价格指数、中国小叶苦丁茶产业信心指数。

二、指数编制思路

首先，在余庆县设立代表性样本数据监测采集点，每个样本数据监测采集点遴选信息员，负责采集小叶苦丁茶产业价格指数和信心指数编制所需的原始数据，建立大数据监测布点。

其次，构建中国小叶苦丁茶产业价格指数，衡量小叶苦丁茶产业流通、交易和市场活跃度情况，综合反映并量化余庆县小叶苦丁茶价格变动趋势和波动程度；构建中国小叶苦丁茶产业信心指数，衡量小叶苦丁茶产业是否景气的指标，综合反映并量化生产者对余庆小叶苦丁茶生产形势评价、销售前景和收入的主观感受。

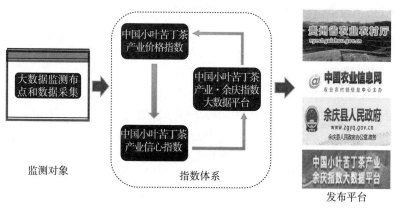

图 17-1　中国小叶苦丁茶产业·余庆指数编制思路

最后，经编制专家指导组论证通过后，开发中国小叶苦丁茶产业价格指数和信心指数的中国小叶苦丁茶产业指数大数据平台，通过多元数据核验、异常值阈值设定等方式，对指数结果的合理性和准确性进行审核，并最终在余庆县人民政府官网、中国农业信息网等网站同步持续发布，形成媒体矩阵。

三、指数起始时间和更新频率

中国小叶苦丁茶产业价格指数自 2020 年第 1 周起始，中国小叶苦丁茶产业信心指数自 2021 年 1 月起始。

在综合考虑指数结果波动和数据采集频率的情况下，中国小叶苦丁茶产业价格指数采取周度更新，中国小叶苦丁茶产业信心指数采取月度更新。

第三节　指数编制方法

一、数据来源

编制中国小叶苦丁茶产业·余庆指数所需的数据来源于贵州省遵义市余庆县 16 家具有代表性的小叶苦丁茶企业微观数据，具体包括销售量、销售价格、信心评价等。

二、指数公式

1. 中国小叶苦丁茶产业价格指数

中国小叶苦丁茶产业价格指数采用加权平均指数法，在得到每周每家企业每个茶叶品种的销售均价后，以每家企业每个茶叶品种的年度销售量在总年度销售量中的比重为权重进行加权平均，然后与基期价格相比得到周度价格指数。具体公式为

$$IP_{价格指数} = 100 + K \times \left[\frac{\sum\limits_{t=1}^{n} p_t q_t}{y p_{基期}} \right] \quad (17-1)$$

式中，$IP_{价格指数}$ 为周度中国小叶苦丁茶产业价格指数；p_t 为每周每家企业每个茶叶品种的销售均价；q_t 为每家企业每个茶叶品种的

权重；$yp_{\text{基期}}$ 为基期价格；K 为调整系数。

2. 中国小叶苦丁茶产业信心指数

中国小叶苦丁茶产业信心指数采用加权综合指数法，对即期信心指数和预期信心指数进行固定权数加权计算，具体公式为

中国小叶苦丁茶产业信心指数 ＝ 即期信心指数 × 权重 ＋ 预期信心指数 × 权重

即期信心指数 ＝（生产负责人对当月本行业总体运行状况回答乐观比重 － 回答不乐观的比重）× 100 ＋ 100

预期信心指数 ＝（生产负责人对下个月本行业总体运行状况预计回答乐观比重 － 回答不乐观的比重）× 100 ＋ 100

$$
\begin{aligned}
IP_{\text{信心指数}} = & \left[(x_{\text{乐观}} - x_{\text{不乐观}}) \times 100 + 100 \right] \times q + \\
& \left[(y_{\text{乐观}} - y_{\text{不乐观}}) \times 100 + 100 \right] \times (1 - q)
\end{aligned}
$$

$$(17-2)$$

式中，$IP_{\text{信心指数}}$ 为月度中国小叶苦丁茶产业信心指数；$x_{\text{乐观}}$、$x_{\text{不乐观}}$ 分别为生产负责人对当月本行业总体运行状况回答乐观、不乐观的比重；$y_{\text{乐观}}$、$y_{\text{不乐观}}$ 分别为生产负责人对下月本行业总体运行状况回答乐观、不乐观的比重；q 为权重。

三、指标选取

在遵循科学、规范、公平、合理的基本原则下，中国小叶苦丁茶产业价格指数的品种选择主要考虑代表性、可得性、连续性。

第一，品种代表性。根据中华人民共和国国家发展和改革委员会发布的《重要商品和服务价格指数行为管理办法（试行）》，提出信息采集点覆盖的相应商品或服务市场交易规模在全国市场中有一定占比，能够准确有效地反映全国市场价格情况。

第二，样本可得性。考虑到小叶苦丁茶品种丰富，应选取数据来源完整、真实的样本品种，以满足编制指数的现实基础。

第三，数据连续性。编制指数的基础数据来源于贵州省遵义市余庆县 16 家具有代表性的小叶苦丁茶企业微观数据，所选品种应在指数编制发布期内有相对连续、稳定、完整的基础数据。

根据以上要求，结合代表性企业的实际情况，品种包括小叶苦丁袋泡茶、小叶苦丁芽茶、小叶苦丁老叶片三种。

四、数据标准化

在多指标评价体系中，由于各评价指标的性质不同，通常具有不同的量纲和数量级。当各指标间的水平相差很大时，如直接用原始指标值进行分析，就会突出数值较高的指标在综合分析中的作用，相对削弱数值水平较低指标的作用。因此，为了保证结果的可靠性，需要对原始指标数据进行标准化处理，去除数据的单位限制，将其转化为无量纲的纯数值，便于不同单位或量级的指标能够进行比较和加权。

采用极值法对基础数据进行无量纲处理，具体公式为

$$yp = \frac{xp - \min\limits_{1 \leqslant j \leqslant n}\{xp_j\}}{\mathrm{man} - \min\limits_{1 \leqslant j \leqslant n}} \qquad (17-3)$$

式中，yp 为周度平均价格标准化处理结果；xp_j 为历史以来的各周度平均价格。

五、权重确定

中国小叶苦丁茶产业价格指数由样本企业主销的各小叶苦丁茶品种的价格加权平均得到，权重按每家企业每个茶叶品种的销售量在总销售量中的比重确定。

六、基期确定

以 2020 年第 1 周至 2021 年第 52 周的余庆小叶苦丁茶市场价格均值作为基期价格。

七、指数审核

根据历史价格指数的波动区间，分别设定中国小叶苦丁茶产业价格指数和中国小叶苦丁茶产业信心指数的最大、最小阈值，当指数结果超过阈值范围，则需人工校验基础数据和指数情况。

八、样本调整

依据样本稳定性和动态跟踪相结合的原则，每三年审核一次指数样本（包括观察点和品种），并根据审核结果调整指数样本和权重。

第四节　指数运行分析

中国小叶苦丁茶产业·余庆指数于 2022 年 6 月在中国农业信息网正式发布（图 17-2），通过中国农业信息网可直接链接到中国小叶苦丁茶产业·余庆指数大数据平台（图 17-3）。

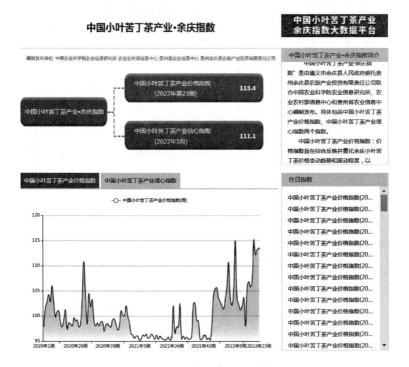

图 17-2　中国农业信息网发布页面

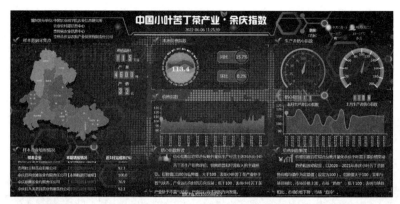

图 17-3 中国小叶苦丁茶产业·余庆指数大数据平台展示页面

一、中国小叶苦丁茶产业价格指数结果

中国小叶苦丁茶产业价格指数的起始时间是 2020 年第 1 周，从起始时间至今的价格指数走势如图 17-4。

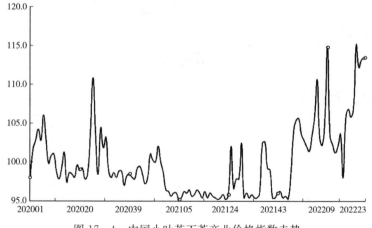

图 17-4 中国小叶苦丁茶产业价格指数走势

中国小叶苦丁茶产业价格指数旨在综合反映并量化余庆小叶苦丁茶价格变动趋势和波动程度，以 2020—2021 年余庆小叶苦丁茶销售价格均值作为定基值（设定为 100）。指数值大于 100，表明与

基值相比，市场价格上涨，市场"趋热"；低于100，表明与基值相比，市场价格下降，市场"趋冷"。

从中国小叶苦丁茶产业价格指数的整体变化趋势来看，2020年第2周至第7周，其价格指数高于100.0，随后价格指数围绕100.0上下小幅波动，至第25周达到高点111.0，随后小幅波动回落至100.0上下小幅波动；从2020年第50周开始，指数出现下滑趋势，从50周的102.2连续下降5周，到2021年第2周的95.8，随后持续走低；自2021年第47周开始，指数呈现波动上升趋势，从47周的95.4上升至2022年第20周的历史高点115.4。综合来看，中国小叶苦丁茶产业价格指数在定基值上下波动，符合市场波动规律，2022年以来，波动幅度增大，还需加强对小叶苦丁茶市场的监测预警，谨防市场的"过冷"和"过热"。

二、中国小叶苦丁茶产业信心指数结果

中国小叶苦丁茶产业信心指数的起始时间是2021年1月，从起始时间至今的信心指数走势如图17-5。

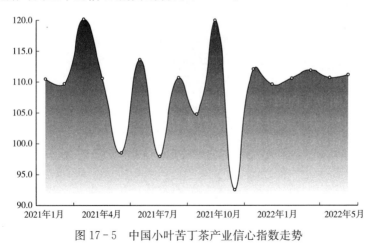

图17-5 中国小叶苦丁茶产业信心指数走势

中国小叶苦丁茶产业信心指数旨在综合反映并量化生产经营主体对余庆小叶苦丁茶生产形势评价、销售前景和经营收入的主观感

受。指数值以 100.0 为临界值，大于 100.0，表明小叶苦丁茶产业处于景气状态，产业运行向好的方向发展；低于 100.0，表明小叶苦丁茶产业处于不景气状态，产业运行向不利的方向发展。

从中国小叶苦丁茶产业信心指数的整体变化趋势来看，信心指数普遍在 100.0 以上，表明小叶苦丁茶产业处于景气状态，产业运行向好的方向发展。其中，2021 年 5 月、7 月、11 月的指数低于 100.0，分别为 98.4、98.0、92.4，表明小叶苦丁茶产业处于不景气状态，产业运行向不利的方向发展。2022 年以来，中国小叶苦丁茶产业信心指数稳定在 110.0 左右，说明 2022 年小叶苦丁茶产业运行整体向好，小叶苦丁茶生产企业对市场较为乐观，建议继续加强对小叶苦丁茶产业的支持政策，促进产业健康持续发展，同时警惕产业"过热"，做好实时监测预警。

第十八章　干辣椒价格指数

中国遵义朝天椒（干椒）批发价格指数由中国经济信息社与农业农村部信息中心、贵州省农业农村厅及遵义市人民政府共同编制，并于 2018 年 12 月 26 日上线运行。该指数旨在以大数据手段精准反映遵义辣椒市场波动，增强遵义辣椒产业影响力，提升产业价值，带动产业健康、有序发展，推动遵义辣椒产业数字经济迈上新台阶。

第一节　指数编制背景

一、遵义是全国干辣椒主要生产和集散地区

1. 遵义是贵州辣椒的主产区

遵义地处中亚热带温润季风气候带，年平均气温 16.8℃，有效积温 4 800℃左右，日照时数 1 200 小时左右，无霜期 300 天，年平均相对湿度 82% 左右，降水量 1 000～1 200 毫米，土壤 pH 5.5～6.5，有机质含量高，土壤肥沃，是传统的辣椒主产区，所产辣椒维生素 C、干物质和脂肪含量高于国内其他产区，具有"中国辣椒看贵州、贵州辣椒看遵义"的美誉。2017 年，遵义市辣椒种植面积 225 万亩，分别占全国和贵州省的 10%、40%，鲜椒产量 270 万吨、产值 80 亿元，辣椒加工规模 32 万吨、加工产值 35 亿元，辣椒交易量 40 万吨、交易额 60 亿元，综合产值 155 亿元。遵义辣椒种、加、销位居全国第一。

2. 遵义辣椒具有较高的品牌标识度

遵义辣椒品种资源丰富，已收集到 3 000 多个品种素材，培育出遵辣系列、遵椒系列、绥阳小米椒、湄江明珠等 20 余个地方特

色优质品种。全市已认定辣椒"三品一标"基地 86.5 万亩、国家生态全产地保护基地 2.3 万余亩，并认证了遵义朝天椒、虾子辣椒、绥阳子弹头辣椒 3 个地标，成功培育了"老干妈"中国驰名商标以及"贵三红""辣三娘"等 6 个贵州著名商标。辣椒产品畅销全国 20 多个省、市和香港、澳门、台湾等地区，以及美国、加拿大、澳大利亚等 10 多个国家。

3. 遵义辣椒的主要交易区在虾子镇

虾子镇托管于遵义市新蒲新区，镇内基础设施完善，物产丰富，商贸发达，素有"经商歇旅，陆路码头"之称；交通便利，区位优越，从 20 世纪 60 年代开始就是有名的辣椒出口生产基地。2017 年，全镇的辣椒种植面积 2 万亩左右，组建了虾子辣椒营销协会，修建了 500 亩的辣椒食品加工基地，搭建了占地 2.2 万米^2 的辣椒市场——"中国辣椒城"，年辣椒交易量占遵义市的 50% 左右。其中，中国辣椒城（遵义虾子辣椒专业市场）是农业农村部定点市场"农产品产地批发市场"，是全国最大的辣椒专业交易市场。

二、指数编制基础

1. 遵义辣椒产业链完备

遵义辣椒大多采用"企业＋基地＋农户""企业＋专业合作社＋基地＋农户""协会＋企业＋村委＋农户"等合作模式，产业链完整，利益机制紧密。遵义辣椒技术研发和推广机构 240 个，取得辣椒科研成果 22 个，推广应用 13 个；与华大基因、贵州省农业科学院等成立了中国辣椒质量检测中心，制定了辣椒育种、种植、干制、加工等环节的地方标准 39 个。全市还成立了农产品质量监管、综合执法、检验检测等工作机构，严控产品质量安全。

2. 遵义辣椒交易引领全国价格

遵义辣椒质量好，市场价格一直处于全国较高水平。从中国辣椒网数据看，遵义辣椒 2018 年 6 月均价每千克 22.2 元，其中满天星、艳椒、子弹头、灯笼椒分别为 19.0 元、16.0 元、25.0 元、25.0

元，日度交易量分别为 140 吨、160 吨、250 吨、250 吨。遵义辣椒价格远高于临颍的 10.8 元、柘城的 11.2 元、武城的 10.6 元、金乡的 11.2 元、开鲁的 7.4 元。从农业农村部 200 农产品批发价格指数 2014 年至今的月度数据看，贵州辣椒价格与全国均价的相关系数达 60%，每千克比全国均价高 2～4 元，且贵州辣椒价格波动幅度远小于全国均价。

3. 遵义具有研制指数的意愿，并有一定数据基础

遵义辣椒作为国家特色农产品优势区和辣椒贸易的重要集散地，正集中多方力量争取辣椒产品的定价权，努力绘制"全国生产、虾子定价、全国采购"的辣椒蓝图。贵州省委省政府非常重视遵义辣椒产业发展，提出要编制辣椒指数，并在 2018 年 8 月 18 日的第三届中国（遵义）国际辣椒产业博览会上发布。在指数编制方面，遵义辣椒具备一定的硬件基础和部分数据资源。如"中国辣椒城"设置了"数据中心"，构建了"农云"平台，建设了数据仓库，与中国辣椒网共享数据资源等。

第二节　指数编制意义

中国遵义朝天椒（干椒）批发价格指数是中国遵义辣椒指数项目中首支发布的指数，旨在客观反映遵义朝天椒干椒批发市场的价格走势，积极构建辣椒产地的"晴雨表"和"风向标"，抢占辣椒产业信息化发展高地，推动遵义辣椒产业提档升级。通过持续的运营及维护，该指数具有如下几方面重要意义：

一、符合辣椒产业大数据发展趋势

在数字经济兴旺发展的时代，数据资源已经成为重要的生产要素、社会财富和国家战略资源。中国遵义朝天椒（干椒）批发价格指数以信息化助推遵义辣椒产业发展，是维护产业发展利益的重要抓手。指数的研发，开创了辣椒大数据资源应用的先河，将助推我国辣椒产业数字化发展。

二、推动特色农产品优势区建设

乡村振兴要靠产业，产业发展要有特色，在地方特色产业的发展上，树立"原产地"概念十分重要。中国遵义朝天椒（干椒）批发价格指数强化了"遵义朝天椒"的原产地品牌形象，结合指数的广泛传播，以遵义标准引领行业发展，助力遵义特色农产品优势产区建设。

三、助力辣椒产业标准化建设

与大多数农产品类似，我国干辣椒的市场交易存在质量标准不统一、市场定价机制复杂等问题。干辣椒价格指数根据干辣椒产业的国家标准和行业标准，结合流通市场特征，深入分析价格形成机制，将市场中具有代表性的干辣椒品种设为指数样本，用指数规则引导优质品种发展，有助于将原本散乱的市场秩序引向规范化，以流通端的标准化推动种植、交易的规范化。

四、有助于辣椒产业经济的发展

随着社会主义市场经济体制的逐步健全，市场决定价格的机制将愈发完善，产业发展更加需要科学、理性的引导，这就更加凸显了价格指数精准把脉市场的价值。中国遵义朝天椒（干椒）批发价格指数的研发，准确反映了遵义辣椒的价格波动，向公众精准传递市场信号，有利于探索产业价格周期性规律，为研判趋势提供有力依据。

五、健全干辣椒市场流通决策机制

我国的干辣椒流通环节较为清晰，多以椒农或小型合作社—本地经销商—大型贸易商—大型批发市场—下游需求方的形式存在。其中，以实地实物交易的形式为主，多次交易过程中的议价和物流运输，大大增加了交易成本。权威的价格指数是高度系统化、标准化的数字信息，可以满足产业链各环节从业者对市场信息的诉求。

干辣椒价格指数采集多个辣椒批发市场的数据信息，通过持续发布和专业化运营，采取信息共享、信息交互手段，服务产销两端，避免信息不透明造成的交易价格波动幅度大、交易成本较高等现象。

第三节　指数设计思路

一、指数设计架构

中国遵义朝天椒（干椒）批发价格指数选取具有遵义地区代表性的朝天椒（干椒）品种作为代表规格品，采集品种在遵义市各主要批发市场的价格并通过科学的模型设计和权威论证，计算出指数结果。指数体系包括 1 支综合指数和 5 支子指数，涵盖指形椒、锥形椒、樱桃形椒三大品种，其中，指形椒又分为艳椒、满天星、遵义朝天椒 1 号三个单品（图 18 - 1）。结合市场实际情况，综合价格指数通过赋予各代表规格品不同权重计算得到。

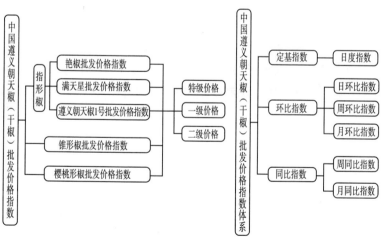

图 18 - 1　中国遵义朝天椒（干椒）批发价格指数框架结构

二、样本市场选择

中国遵义朝天椒（干椒）批发价格指数样本区域选择必须满足

以下条件：

第一，指数样本覆盖地区必须为遵义地区辣椒批发交易市场。

第二，样本总体达到一定的市场规模。入选价格指数的辣椒样本市场交易量之和在整个遵义市辣椒交易总量中的占比不低于50%。

第三，区域样本的代表性和稳定性。所选样本地区须具有一定的市场代表性。如果某一区域中没有产品达到连续交易性原则、市场规模稳定性原则，则根据该分类产品的表现替补代表区域进入样本。

第四，专家委员会认定不适合入样的区域除外。通过市场调研了解，虾子中国辣椒城年交易量约占遵义市辣椒交易总量的70%，新舟辣椒市场、绥阳辣椒市场、湄潭辣椒市场合计年交易量约占遵义市辣椒市场交易总量20%。

综合以上条件，中国遵义朝天椒（干椒）批发价格指数选择虾子中国辣椒城、新舟辣椒市场、绥阳辣椒市场、湄潭辣椒市场四个市场为区域样本空间。

三、代表品规格

中国遵义朝天椒（干椒）批发价格指数样本单品的选取，必须符合交易连续性原则、规模稳定性原则、市场代表性原则，坚持一定的产业覆盖度。

第一，交易连续性原则。样本单品在市场上不低于6个月的连续稳定交易。

第二，规模稳定性原则。所选样本的市场占有量在整个市场中所占比重不小于1%。

第三，市场代表性原则。所选择样本产品必须具有一定的市场代表性。如果某一分类中没有产品达到连续交易性原则、市场规模稳定性原则，则根据该分类产品的表现替补代表品进入样本。

第四，专家委员会认定不适合入样的产品除外。

根据市场调研可知，遵义辣椒市场交易干鲜交易并重，但鲜椒交易主要集中在采收季节的8—11月，而干椒能够进行全年交易，商品属性相对较强。遵义辣椒种植面积常年在 200 万亩以上，朝天椒占 150 万亩以上，故选择遵义朝天椒干椒作为样本，以保证样本的代表性和交易稳定性。遵义朝天椒按照果型分为指形、锥形、樱桃形三大类，其中指形椒在市场流通的主要品种为艳椒、满天星、遵义朝天椒 1 号，锥形椒、樱桃形椒多为当地自留种，品种划分不明显。

综合以上条件，中国遵义朝天椒（干椒）批发价格指数选指形椒（艳椒、满天星、遵义朝天椒 1 号）、锥形椒、樱桃形椒为代表规格品。根据遵义朝天椒干椒交易习惯，将每种代表规格品划分为"特级""一级""二级"三个等级统计价格。形式上涵盖定基指数、环比指数和同比指数。

第四节　指数编制方法

一、权重确定方式

中国遵义朝天椒（干椒）批发价格指数的权重确定采用定量与定性相结合的方式进行确定，考虑到数据的可得性和市场的代表性，选取 2018 年 11—12 月遵义中国辣椒城的各品种朝天椒（干椒）的实际日均交易量占比作为定量指标，将专家对各代表规格品的交易量打分作为定性指标，二者相结合，得到计算时的权重。

由于分类品种在市场交易中实际成交量的获取难度较大，所以单品价格指数的权重确定，可通过汇总多位专家对交易量打分的分值，综合计算出各等级、各品种辣椒在不同市场间交易量占比的情况，获得计算的权重。

二、价格指数计算

中国遵义朝天椒（干椒）批发价格指数以"点"为单位，精确到小数点后 2 位。其中遵义朝天椒（干椒）单品价格指数为日指数，逐日计算和更新。具体做法：在每一考察期内，用集合采集的方式进行价格采集。其中，各样本的计算价位（X）根据以下原则确定：

若当期没有即时价格，则 $X_t = X_{t-1}$；

若当期有即时价格，则 $X_t =$ 即时价格。

1. 基期选择

指数以 2018 年 6 月 22 日至 11 月 22 日为基期，1 000 点为基点，以该时间段内各类型、各品种朝天椒（干椒）的成交均价为基期价格进行计算。经市场调研，该段时间是辣椒价格较为平稳的时期，可以反映遵义朝天椒的价格水平常态。

2. 单品价格指数计算方法

（1）计算定基指数

朝天椒单品价格指数是对朝天椒单品价格走势的一种指数量化形式。假设中国遵义朝天椒单品价格指数用 $I_{i,t定基}$ 表示，则：

$$I_{i,t定基} = \frac{P_{i,t}}{P_{i,0}} \times I_{i,0} = \frac{\dfrac{\sum\limits_{j=1}^{M_{i,t}} P_{i,j,t} \times q_{i,j,t}}{\sum\limits_{j=1}^{M_{i,t}} q_{i,j,t}}}{\dfrac{\sum\limits_{j=1}^{M_{i,0}} P_{i,j,0} \times q_{i,j,0}}{\sum\limits_{j=1}^{M_{i,0}} q_{i,j,0}}} \qquad (18-1)$$

式中，辣椒单品用 A_i 表示，$i=1$，…，N；单品 A_i 在某一考察期 t 内的价格监测点数用 $M_{i,t}$ 表示；监测价格用 P 表示；辣椒单品 A_i 在 t 时期第 j 监测点的权重用 $q_{i,j,t}$ 表示。

计算辣椒单品定基指数时，先计算各价格监测点各等级辣椒的日成交均价，成交均价由各价格监测点日成交总金额与总成交量的比值得出，再根据各等级辣椒所在价格监测点占四个市场的比重加权得到该等级辣椒在遵义市的成交均价，并确定基期、计算出该等级辣椒的价格指数，最后经加权计算得到各朝天椒单品价格指数。

（2）计算环比指数

环比单品指数是指各期依次以其前一时期为基期而编制的指

数，说明遵义朝天椒（干椒）单品的逐期价格变动情况。

$$I_{i,t环比} = \frac{I_{i,t定基}}{I_{i,t-1定基}} \times I_{i,0} \qquad (18-2)$$

式中，t 代表报告期，$(t-1)$ 代表上一日。

（3）计算同比指数

同比单品指数是指各期依次以其上年同期为基期而编制的指数，说明遵义朝天椒（干椒）单品较上年同期的价格变动情况。

$$I_{i,t同比} = \frac{I_{i,t定基}}{I_{i,t-1定基}} \times I_{i,0}$$

$$I_{i,0} = 1\ 000 \qquad (18-3)$$

式中，t 代表报告期，$(t-1)$ 代表上年同期。

3. 中国遵义朝天椒（干椒）价格指数计算方法

中国遵义朝天椒（干椒）批发价格指数是对中国遵义朝天椒价格总体走势的一种指数量化形式。假设中国遵义朝天椒（干椒）批发价格指数价格指数用 $I_{i,t定基}$ 表示，则：

$$I(t)_{定基} = \sum I_{i,t定基} \times w_i \qquad (18-4)$$

$$I_{i,t定基} = \frac{P_{i,t}}{P_{i,0}} \times I_{i,0} = \frac{\dfrac{\sum_{j=1}^{M_{i,t}} P_{i,j,t} \times q_{i,j,t}}{\sum_{j=1}^{M_{i,t}} q_{i,j,t}}}{\dfrac{\sum_{j=1}^{M_{i,0}} P_{i,j,0} \times q_{i,j,0}}{\sum_{j=1}^{M_{i,0}} q_{i,j,0}}} \times I_{i,0} \qquad (18-5)$$

$$I_{i,0} = 1\ 000$$

式中，朝天椒单品用 A_i 表示，$i=1$，$\cdots$，N；单品 A_i 在某一考察期 t 内的价格监测点数用 $M_{i,t}$ 表示；监测价格用 P 表示；辣椒单品 A_i 在 t 时期第 j 监测点的权重用 $q_{i,j,t}$ 表示；W_i 为样本单品 A_i 在遵义朝天椒（干椒）批发价格指数指数模型中所占的权重数。

按各朝天椒（干椒）单品交易量占遵义市市场交易量比重加权

得到中国遵义朝天椒（干椒）批发价格指数。

环比指数和同比指数的计算方法同上。

第五节　指数运行分析

一、指数运行情况

2019—2020 年中国遵义朝天椒（干椒）批发价格指数运行趋势，准确反映了遵义干辣椒产业较明显的上涨态势，指数整体走势可分为 7 个阶段。

第一阶段：2019 年春节开市后至 4 月中旬，指数稳步上涨。原因在于 2018 年产季内，受自然灾害影响，山东、河南等主要朝天椒产区的总产量出现下降。供给偏弱使这一时期辣椒价格呈现一波上涨。

第二阶段：4 月中旬至 7 月底，指数走低后平稳运行。原因在于国内市场干椒的价格的不断上涨刺激了进口，3—5 月印度干椒进口量明显高于 2018 年同期，供给的增加平抑了价格波动。

第三阶段：8—10 月，指数迅速走高。在艳椒、满天星等品种减产的情况下，贸易商对 2019 年干椒的行情较为乐观，压低流通量。而市场批发商、加工厂和餐饮企业此时开始备货采购，需求大增，供需不匹配拉动整体价格出现显著上涨。

第四阶段：10 月至 12 月中，指数回调后窄幅震荡。辣椒价格在前期冲高后回落，在前期全国蔬菜价格整体下降的影响下，叠加多数终端企业已完成补库，辣椒价格短期回调难以避免。

第五阶段：2019 年末，指数迎来新一波上涨。原因在于 12 月印度椒进口量急剧下滑，导致国内朝天椒出现短期供应偏紧，且这一阶段也是传统的春节前集中采购期，市场需求增加推动价格小幅上涨。

第六阶段：2020 年初至 4 月初，受新型冠状病毒肺炎疫情影响，市场开市推迟，自 3 月中旬重新开始以来，在各地干椒库存明显高于往年、下游市场需求偏弱的情况下，指数在经历一段时间下行后，保持在低位运行。

第七阶段：4月初至2020年末，国内疫情缓解后，下游市场需求逐步恢复，带动指数小幅上行，同时由于印度疫情加重，印度椒进口受到影响，国产椒成为市场供应的主力，促进了指数持续走高。

二、指数取得成效

指数自发布运行起，及时、准确地反映了遵义地区朝天椒（干椒）的价格走势，并通过持续发声及多项服务，树立了指数的行业地位，扩大了遵义辣椒品牌影响力，成为国内辣椒产业发展建设的风向标和晴雨表。

1. 充分发挥了市场指导作用

自2018年12月发布以来，指数以国家金融信息平台新华财经、中国金融信息网等平台为主阵地，每日更新指数，累计575次（节假日、休市除外），同时发布周报79篇，以市场调研、产业热点、行业科普等为主题，发布资讯稿若干，持续打造指数影响力。目前，遵义地区很多商户正逐渐形成使用指数的习惯，参考指数走势来进行定价决策；指数也正在吸引其他辣椒主产地的交易商关注遵义辣椒、关注中国辣椒城，进而前往中国辣椒城进行交易。

2. 指数的专业性获得部委认可

指数运行结果与农业农村部信息中心充分共享。指数运行情况已在中国农业信息网、国家发展和改革委价格监测中心网站展示。

3. 指数客观性、科学性不断提高

指数正常运行后，项目组多次深入产地调研，确保指数的运行结果能够充分反映市场实际运行状况。同时，项目组不定期拜访中国农业科学院及北京农林科学院等科研机构的专家，充分听取专家对指数完善工作的意见和建议，确保指数编制方法的科学性。

4. 助推品牌建设

2019年9月，央视农业频道对辣椒指数及中国辣椒城进行了报道。此外，辣椒价格指数在南昌农业博览会、河南辣椒博览会以及在全国农特产品交流会上面向全国产业从业者进行展示，吸引了社会各界的广泛关注。

第十九章　脐橙价格指数

第一节　指数编制背景

奉节是全国著名的脐橙产区，其发展历史可以追溯到 2 000 多年前的汉代。过去，受制于落后的生产力和生产方式，奉节脐橙产业始终处于自给自足的状态。

新中国成立后，奉节县脐橙产业迎来了发展的春天。1953 年，奉节县引进华盛顿脐橙，1972 年选育出凤园 72-1 脐橙母树，1979 年开始快速繁育发展，建立了外贸脐橙基地，打造了长江柑橘带和百万吨柑橘产业化工程；2000 年，由重庆市农业经济作物审定委员会审定命名为"奉节脐橙"；2009 年，原国家质量监督检验检疫总局批准对"奉节脐橙"实施地理标志产品保护，奉节县荣获"中国橙都"称号；2013 年，奉节脐橙获"中国驰名商标"。截至目前，奉节县在"一江五河"流域两岸海拔 600 米以下区域，建园 33 万亩，脐橙产量达 31.5 万吨，脐橙产业也成为"一株树养活三十万人"的主导产业。

一路发展而来，奉节脐橙不断优化产地品种与结构。然而受制于有限的产业规模，脐橙市场价格极易受供求关系的影响，对产业发展造成较大的冲击。新华社中国经济信息社联合农业农村部信息中心、重庆市农业农村委员会、奉节县人民政府合作编制的新华·奉节脐橙价格指数，旨在加快产业发展进程，规范市场秩序、提高产地话语权、辅助政府决策，提升"奉节脐橙"国内外影响力和知名度。

第二节　指数编制意义

新华·奉节脐橙价格指数以促进奉节脐橙产业发展为目标指引，以标准化数据分析为技术手段，以价格指数走势及分析报告，客观反映奉节脐橙产销环节的市场行情。其中，以收购价格指数引领产业发展，以批发价格指数规范、拓宽销售渠道，以期实现奉节脐橙在技术、管控、品牌等全方位的升级发展。

一、助力行业标准化发展，倒逼产业转型升级

农产品标准化是解决农产品质量安全和促进农业提质增效的关键环节。根据奉节脐橙地方标准，结合其市场特征，深入分析脐橙价格形成机制，将市场中具有代表性的脐橙规格设为指数的规格品。通过脐橙指数编制，以等级标准化为突破口，逐步强化奉节脐橙的分级制度，从而引领产业的升级发展。

二、提高市场透明度，促进脐橙产销对接

价格指数是高度系统化、标准化的数字信息，权威的价格指数可以满足行业对价格信息不同维度的诉求，服务产销两端。脐橙价格指数的持续发布、专业化运营以及信息共享、信息交互等手段，有助于提高市场要素透明度，促进产销对接，降低制度性交易成本。

三、凝聚产业共识，提升脐橙品牌价值

价格指数编制将促进产业内部的交流与合作，有助于形成市场反馈与协调机制，凝聚行业力量，共同促进产业的发展。同时，指数充分利用新华社全媒体资源平台和渠道优势，实现推广渠道全方位覆盖，进一步凝聚行业及市场共识，提高消费市场对奉节脐橙的认知，持续打造与品质相匹配的品牌影响力。

第三节　指数设计思路

新华·奉节脐橙价格指数依托中国经济信息社数据采集管理系统，选取贸易商作为采集点，采集统货（≥65毫米果径）收购价格及每周收购量数据、优质果（75～85毫米果径）批发价格及当周批发量数据等，建立起奉节脐橙价格信息数据库。

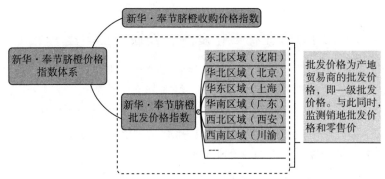

图 19-1　新华·奉节脐橙价格指数体系规划设计

基于不同的计算模型，分层次、分阶段进行指数编制发布，逐步推进新华·奉节脐橙价格指数对市场的指导作用，做到指数编制和发布工作及时、准确、科学，提升指数的公信力和权威性。新华·奉节脐橙价格指数涵盖新华·奉节脐橙收购价格指数、新华·奉节脐橙批发价格指数。

指数旨在反映产品市场总体的价格走势以及发展状况，因此选择奉节脐橙的主要贸易商作为采集点，反映产地收购和批发的情况。在奉节从事脐橙贸易的单位分为大型合作社、电商、地缘销售商、大宗贸易商四类；其中电商直接销售到终端，价格偏高，不纳入批发价格的采集范围。

新华·奉节脐橙价格指数的总体建设分为以下 3 个阶段：

一期建设：依据数据可获得性（9 个采集点），初步建设收购价格指数和批发价格指数，构建奉节脐橙价格指数体系。

二期建设：扩展数据采集的布点（18 个采集点以上），促进产业信息化的建设，扩大指数的服务范围（奉节及周边县市），重点完善批发价格指数的建设。

三期建设：建立稳定的销地价格监测机制，形成区域价格、需求量、偏好的监测报告，引导精准销售，疏通下游渠道。

第四节　指数编制方法

一、指数样本选择

选择年销售量≥1 000 吨的贸易单位作为奉节脐橙数据的采集点。在奉节脐橙办备案 46 家的脐橙贸易单位中，年交易量≥1 000 吨的贸易单位有 23 家。依据数据的可获得性，第一阶段选择了 9 家单位作为采集点，涵盖 1 家电商、2 家合作社、2 家地缘销售企业、4 家大宗贸易商。第二阶段扩增部分采集点。

根据先期获得的数据材料，项目组在云阳、巫山、开州等奉节县周边区域选取了年交易量≥500 吨的贸易商作为数据采集点，用以监测奉节脐橙区域公用品牌建设的情况。

二、权重确定

综合考虑不同市场的特点，选择表征奉节脐橙交易量、年产量或种植面积数等，同时考虑季节性因素等情况，综合设计新华·奉节脐橙价格指数的权重，从而较好地反映供需变化对价格的影响。

区域权重以各区域上一年交易量、当年的产量等综合确定权重。

样本类型权重，以各样品类型常年交易量占总量的比值、参照总体情况等综合确定权重。

新华·奉节脐橙收购价格指数中的权重采用年度动态调整。现行权重，即其他贸易商采集点：电商及地缘贸易商采集点＝0.85：0.15。鉴于新品于 11 月中下旬上市，规定于每年 11 月初调整权重。

三、指数计算

为了更加精准地反映奉节脐橙的价格变化，指数在计算过程中采用派氏公式进行计算，即以当期交易量为权重进行加权平均。当采集点或区域（类型）权重发生变化时，通过除数修正法进行修正，以保证指数的连续性。

1. 指数基期

指数基期根据奉节脐橙品种上市的情况来定，既要反映产品价格水平的常态，又要考虑价格信息资料的可获得性和可比性。考虑到 2018 年 12 月 15 日奉节脐橙开园节时脐橙大量上市，价格相对稳定，因此将 2018 年 12 月 15 日定为指数基期。

2. 计算公式

根据样本采集点的划分及不同，新华·奉节脐橙价格指数的计算分为三步：

第一步，计算各规格品在不同区域的平均价格。假设区域用 D 表示，D 区域包含 E 个采集点，则 D 区域在报告期 t 内的平均价格表示为

$$P_D(t) = \sum_E P_{D_e}(t) \times \varphi_e \qquad (19-1)$$

式中，φ_e 为采集点当期权重值。

第二步，计算区域价格指数。根据区域价格 $P_D(t)$，计算区域价格指数 $I_D(t)$，计算方法如下：

$$I_D(t) = \frac{P_D(t)}{P_D(0)} \times I_D(0) \qquad (19-2)$$

$$I_D(0) = 1\,000$$

第三步，计算单品价格指数。单品价格指数用 I 表示，因为单品价格指数由对应的单品区域价格指数构成，区域权重用 ω_i 表示，$i \in [1, N]$，则

$$I(t) = \sum_i I_i(t) \times \omega_i \qquad (19-3)$$

3. 指数修正

当指数样本或者权重发生变化时，采用除数修正法修正原固定除数，以保证指数的连续性。

4. 样本调整

若某个采集点当期没有数据则权重记为 0，即不进入本期计算。对于长期断档的采集点，将在指数样本修订中进行有针对性的核查，若确实如此，可考虑去除或替换。

第五节 指数运行成效分析

一、指数运行走势

国内柑橘产业规模快速发展，品种价格轮番出现疲态。国家统计局数据显示，全国柑橘产量从 2002 年 1 199.01 万吨上涨至 2020 年 5 121.87 万吨，年均涨幅高达 8.40％；2018 年产量超过苹果，成为国内第一大水果。其中，脐橙品类价格于 2017 年冲高后，受疫情等多重因素影响已连续三年走弱。农业农村部信息中心数据显示，2019—2021 年全国脐橙销地批发均价仅为 8.13 元/千克，较 2016—2019 年均值下跌 8.10％。

销地批发价格走势逐级传导至上游环节。具体来看，前期价格冲高，后期受新型冠状病毒肺炎疫情影响生产强度增加，导致奉节脐橙生产规模逐年稳步提升而产地价格连续走弱。截至 2022 年 3 月 31 日，新华·奉节脐橙产地收购价格指数均值为 1 170.30 点，较前两个年度同期分别下跌 3.18％、15.12％；新华·奉节脐橙产地批发价格指数均值为 997.59 点，较前两个年度同期分别下跌 0.94％、6.07％。伴随 3 月中下旬以来国内新一轮疫情持续，叠加进口量锐减，带动了处于销售尾季的奉节脐橙价格持续攀升。新华·奉节脐橙价格指数监测显示，4 月中旬以来，奉节脐橙产地批发和产地收购环节的价格先后实现同比由跌转涨（图 19-2）。

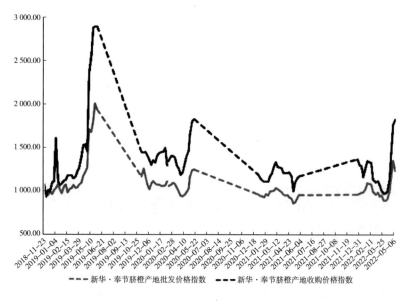

图 19-2　新华·奉节脐橙价格指数走势

2022 年 3 月中旬以来，国内疫情多点散发，带动了销地农产品价格跃升，进而带动上游环节价格走强。同时，港口运作效率有所降低，以埃及甜橙为代表的甜橙进口量锐减。其间，调配市场的埃及甜橙更多地进入欧洲市场，挤压了欧洲本土甜橙市场空间，促使意大利、西班牙等所产甜橙输入远东。海关总署数据显示，4 月我国甜橙进口量仅为 1.48 万吨，较上一年同期下跌 64.13%；到岸均价高达 7.60 元/千克，较上一年度同期上涨 22.94%（图 19-3）。据指数监测显示，3 月 23 日起，全国脐橙销地批发周度均价同比上涨；3 月 29 日起，新华·奉节脐橙价格指数环比上调；4 月 18 日、25 日起，新华·奉节脐橙产地批发价格指数和新华·奉节脐橙产地收购价格指数先后同比翻红。截至 5 月 9 日，新华·奉节脐橙产地收购价格指数报 1 832.34 点，较 3 月 28 日累计上涨 86.98%；新华·奉节脐橙产地批发价格指数报 1 241.96 点，较 3 月 28 日累计上涨 37.77%。

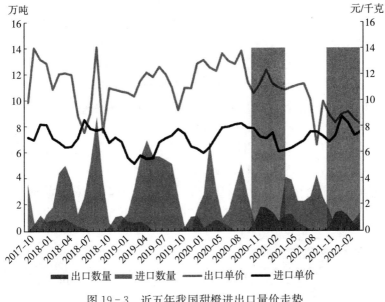

图 19-3　近五年我国甜橙进出口量价走势

数据来源：海关总署、新华·奉节脐橙价格指数。

二、指数助力产业平稳发展

《新华·奉节脐橙价格指数年度运行报告（2019—2020）》指出，受疫情影响，2020 年春节后国内脐橙市场价格持续下跌，导致国内脐橙批发均价年度拐点比往年推迟一月有余，影响了国内晚熟脐橙销售。奉节县作为重要的中晚熟脐橙产区，通过及时调整销售策略，充分发挥线上渠道优势，确保了脐橙顺利销售。奉节县脐橙产业发展中心的数据显示，自 2020 年 2 月 22 日起奉节脐橙恢复正常出货，相比其他产区提前 2～3 周，且通过持续增加在川渝地区、一线城市的销售力度，截至 4 月 20 日，奉节脐橙销售量已达 29.86 万吨，占脐橙总产量的 91.60%；同时电商销售迅猛发展，销量占比达到 14.04%，较上一年度提高 32.62%。综合来看，在 2019—2020 年度集中上市期（12 月至次年 4 月），新华·奉节脐橙收购价格指数同比上涨 12.66%，新华·奉节脐橙批发价格指数同比基本持平，这表明 2019—2020 年度奉节脐橙产业发展平稳，产业发展的红利向生产端倾斜。

《新华·奉节脐橙价格指数年度运行报告（2020—2021）》指出，后疫情时代，渠道按需走货，产地出货承压，2020—2021 年度指数同比长期下跌，年度内国内甜橙产业面临挑战。奉节县人民政府率先走出去，各地推介、增办消费扶贫馆等，增加产季初期的走货量，缓解后期产地出货压力。此外，作为国内晚熟脐橙优质产区，奉节县不断优化品种结构。与 2018 年相比，奉节晚熟脐橙生产比重提升 18 个百分点。数据显示，2021 年 2—4 月奉节脐橙日均出货量下降至 2 350 吨，实现奉节脐橙在时空上延展，带动产业平稳发展。

《指数回顾"先抑后扬"，奉节脐橙以亮眼表现收尾》指出，2021—2022 年度新华·奉节脐橙价格指数呈现出"先抑后扬"走势。国内外竞品冲击导致奉节脐橙产地价格连年走弱；新一轮疫情持续，叠加进口量锐减且进口结构优化，2021—2022 年度销售尾季的奉节脐橙价格持续走强。伴随国内脐橙新增种植区域产量兑现，我国脐橙生产规模趋稳，叠加脐橙进口结构更加合理，有利于未来国内脐橙产业回暖。

此外，项目组持续关注奉节脐橙数字化建设、奉节脐橙出口渠道建设等，并为之不断积聚相关机构或组织资源，助力奉节脐橙产业健康平稳发展。

三、指数提升区域品牌影响力

2019 年 12 月，在首届中国·重庆奉节国际橙博会上面向全球首次发布该指数。2020 年 3 月，面对严峻的疫情形势，项目组主动策划产地活动，联合奉节县人民政府率先发起捐赠奉节脐橙驰援武汉活动，引起社会广泛关注。2020 年 9 月，指数年度运行报告作为重庆市智慧农业建设三大成果之一，在 2020 年中国国际智能产业博览会上再次面向全球发布；2021 年"5·10 中国品牌日"期间，在上海举行的中国品牌信用建设高峰论坛上，指数年度运行报告第三次面向全球发布，吸引证券类机构关注。2021 年 12 月 17 日，《新华·奉节脐橙价格指数运行及展望报告（2021—2022）》在 2021 第三届中国·重庆奉节国际橙博会暨中国奉节脐橙高质量发展论坛上第四次面向全球发布。此外，自 2019 年，项目组致力促进奉节脐橙海外出口，邀请外国经济参赞亲临展销活动，监测并报送国内外脐橙进出口动态，对接出口机构和境外经销商，希冀提升奉节脐橙在全球的影响力。

新华·奉节脐橙价格指数项目已经构建起多维度、多层次的甜橙产业信息服务体系。除运维新华·奉节脐橙价格指数周报及信息稿、《新华·奉节脐橙价格指数年度运行报告》，项目组持续编写反映国内重点产区动态的《全国脐橙品牌传播力与产业动向分析月报》《柑橘产业每周动态》，月度更新全球三大甜橙市场行情的"*Orange Facts*"，并完成多篇重点产区或重点事件的智库报告等。

自新华·奉节脐橙价格指数运行以来，指数解读信息传播渠道不断拓展，指数与奉节脐橙品牌影响力大幅提升。奉节脐橙及脐橙价格指数相关信息被国内媒体采用的数量为 155 家次、海外重点国家和地区落地媒体 113 家次，合计达到 268 家次，年度内共实现国内及海外覆盖潜在阅读人群 2.7 亿人次，在全球范围内大幅提升了奉节脐橙品牌影响力和美誉度。

第二十章　苹果价格指数

作为果业大市，山西省运城市人民政府落实乡村振兴战略，准确领会数字乡村建设的内涵，把握数字化改革新机遇新要求，以高质量发展为指引，超前部署农业产业数字化"新基建"，引入指数等大数据手段，为运城市果业发展注智赋能，让广大果农共享数字化发展带来的红利，切实服务乡村振兴。2018 年 11 月 1 日，由新华社中国经济信息社与山西省运城市人民政府共同编制、农业农村部信息中心参与指导的"新华—中国（运城）苹果价格指数"正式面向全球发布。指数运行以来，准确反映了运城富士苹果市场的行情走势，提升了运城苹果产业的数字化发展水平，提高了"运城苹果"品牌影响力和知名度，成为政府监管、科学种植、交易决策的有效参考，在促进运城苹果产业有序运行、高质量发展方面发挥了重要作用。

第一节　指数编制背景

苹果是世界四大水果之一，运城市地处北纬 35°的黄土高原地带，土壤气候等自然条件优渥，资源禀赋优势突出，是全球公认的苹果"黄金生产带"之一。早在 2002 年，平陆、万荣、临猗、芮城、盐湖五区县被农业部列为黄土高原苹果优势产业带重点县（区），闻喜、河津、永济为基地县。

近年来，运城市高度重视以苹果产业为代表的果业发展，以农业供给侧结构性改革为主线、以三农问题为重中之重，贯彻落实山西省"把运城打造成山西果品果业龙头"的战略决策，依托自然禀赋优势，以市场为导向，坚持质量兴农、绿色兴农，着力打造"运城苹果"的区域公用品牌，大力推动运城苹果产业的高质量发展。

第二节　指数编制意义

新华—中国（运城）苹果价格指数是新发展格局下，苹果产业顺应数字经济发展大势的重要举措，具有前瞻性、创新性和引领性作用。

一、准确把握市场脉搏，完善市场价格形成机制

指数的运行和发布，直观监测产地苹果市场运行情况，帮助果农、经销商获取及时、全面、准确的价格信息，精准把握待售增值和顺势销售的"平衡点"，在最合适的时间用最合适的价格进行交易，避免了因为信息不对称造成的价格大幅波动和惜售压货现象，有助于果农增收与市场稳定，充分发挥了市场运行"晴雨表"和"风向标"的作用。

二、客观反映供求形势，有利于指导生产结构调整

价格指数能够反映市场整体供求形势以及不同规格品供求差异等情况。通过监测不同品级果品的行情，公布"高质量""精品化"产品的市场信息，引导农户根据价格波动规律自发调整生产结构，加强种植质量管理、技术引进、标准产品塑造，科学生产、销售，增强运城果业抗风险能力，促进产业高质量发展。

三、增强运城苹果行业影响力，打造区域公用品牌

作为新型传播工具，价格指数及相关信息产品的发布有效拓宽了"运城苹果"品牌传播的通路和渠道，"运城苹果"的品牌效应和市场影响力正逐步扩大，运城苹果产业正不断吸引国内外果业从业者的关注，产地标识的公信力、辐射力进一步提高。

四、提供市场分析工具，服务期货等金融衍生品

农产品价格主要受供需关系影响，鉴于苹果贸易"集中收购，全年销售"的特点，产业从业者面临现货价格波动、存货贬值滞销、采购季资金压力大等风险。公开透明的现货价格指数以及相关产业信息，能够为从业者提供研究市场波动的策略工具，进而服务期货市场决策，充分发挥期货市场的价格发现功能，利用苹果期货进行套期保值管理风险，起到积极的市场调节作用。

五、助力运城市农业农村数字经济的培育和发展

农产品价格指数是数字经济和实体农业的有机结合，通过聚焦供求关系、流通状况及结构特征，可以精准刻画要素市场的变化趋势。以农产品价格指数为切入点，开启大数据与三农工作的深度融合，有利于政府、市场主体等积极参与对传统农业的数字化改造进程，加快运城果业全产业链大数据建设，带动运城果业全要素生产率提升，为推进农业供给侧结构性改革和乡村产业振兴提供新动能。

第三节　指数设计思路

新华—中国（运城）苹果价格指数的编制遵循全面系统、客观公正、科学准确、独立权威以及可操作性的原则。

新华—中国（运城）苹果价格指数依托权威数据采集系统，建立苹果产品价格数据库，基于不同的计算模型，分层次进行指数的编制和发布，提高指数编制和发布工作的及时性、准确性、科学性，提升指数的公信力和权威性。

指数体系由苹果综合价格指数和苹果单品价格指数组成，严格选取具有运城地区代表性的富士苹果作为代表规格品，采集运城市富士苹果主产区（县）的市场交易价格等信息，通过科学的模型设计和权威论证，计算指数结果，并通过多个渠道公开发布。

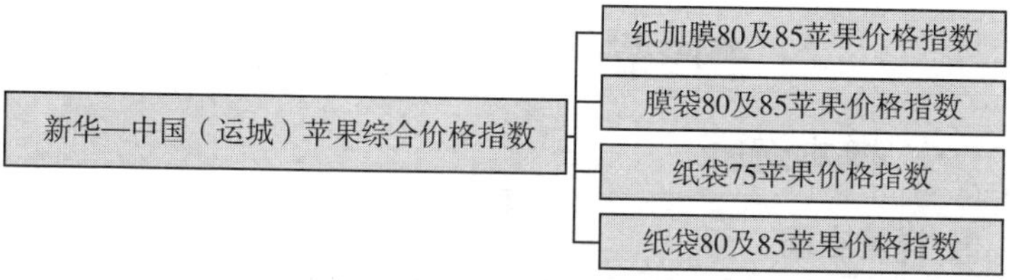

图 20-1　新华—中国（运城）运城苹果价格指数体系

新华—中国（运城）苹果价格指数的设计思路为：

1. 指数样本选择

综合考虑运城市整体市场中苹果（红富士）的色泽、规格（直径）、硬度、可溶性固形物等多个指标以及种植方式，结合市场交易特点，以种植方式和规格（直径）作为主要分类标准，选择运城市纸加膜 80 及 85、膜袋 80 及 85、纸袋 75、纸袋 80 及 85 的红富士苹果[①]作为代表规格品。

2. 指数的分类

新华—中国（运城）苹果价格指数充分考虑运城苹果的市场特点，以代表规格品价格为基础，按照综合权重计算苹果价格指数。

3. 权重的设计

选择不同规格品种的交易量以及单一品种在不同区域的交易量作为权重的基础指标，较好地反映供需变化对价格的影响。指数权重暂定不变，后期将依具体情况进行相应的调整。

4. 指数计算方法

为了避免上市品种单价差异过大而致指数失真，指数在计算过程中采用先计算价格比值再加权平均的方法。当样本或权重发生变化时，通过除数修正法进行修正，以保证指数的连续性。

---

① 纸加膜、膜袋、纸袋均为运城市苹果（红富士）培育过程中采用的套袋种植方式；75、80、85 等数字均代表苹果的规格（直径，单位毫米）。

第四节　指数编制方法

一、样本选择

1. 样本空间

新华—中国（运城）苹果价格指数的样本空间包括区域样本空间和产品样本空间。

区域样本空间涵盖运城市五个苹果主产区，包括临猗、万荣、平陆、芮城和盐湖；产品样本空间包括纸加膜 80 及 85、膜袋 80 及 85、纸袋 75、纸袋 80 及 85 的红富士苹果。

2. 指数样本区域选择

运城苹果价格指数样本区域选择必须满足以下条件：

第一，指数样本覆盖地区必须为苹果产地。

第二，样本总体具有一定的市场规模。

入选价格指数的苹果样本地区的产量之和在整个市场中的占比不低于 50%。假设 q_j 表示 j 区域的苹果产量，$j \in [1, M_j]$ 为入选苹果价格指数的样本区域，则

$$\frac{\sum_{j=1}^{M_j} q_j}{\sum_{k=1}^{L_j} q_k} \geqslant 50\% \qquad (20-1)$$

第三，选择具有代表性的地区。

所选样本地区须具有一定的市场代表性。如果某一区域中没有产品达到连续交易性原则、市场规模稳定性原则，则根据该分类产品的表现替补代表区域进入样本。

第四，专家委员会认定不适合入样的区域除外。

3. 苹果产品的样本选择

苹果价格指数样本选取符合交易连续性原则、规模稳定性原则、市场代表性原则，坚持一定的产业覆盖度。

第一，交易连续性原则。

样本单品在交易市场上交易不低于 6 个月且市场价格具有连续性。

第二，规模稳定性原则。

所选样本的市场交易量在整个市场中所占比重不小于 1%，x_i 表示苹果样本 i 的市场交易量，$i \in [1, N]$，N 为苹果产品数，即

$$\frac{x_i}{\sum\limits_{i=1}^{N} x_i} \geqslant 1\% \tag{20-2}$$

第三，市场代表性原则。

所选择样本产品必须具有一定的市场代表性。如果某一分类中没有产品达到连续交易性原则、市场规模稳定性原则，则根据该分类产品的表现替补代表品进入样本。

第四，专家委员会认定不适合入样的产品除外。

表 20-1　苹果单品样本空间概览

产品类别	纸加膜 80 及 85	膜袋 80 及 85	纸袋 75	纸袋 80 及 85
产品规格	直径 80~89 毫米	直径 80~89 毫米	直径 75~79 毫米	直径 80~89 毫米

数据来源：新华指数研究团队整理。

二、指数计算

1. 基期选择

指数基准日期的选择对于指数的表征具有重要的意义，一方面，基期的确定是作为指数的基准参考和对比；另一方面，合适的基期有助于指数的解读和效用发挥。一般情况下，确定基期的方法如下：一是基期所在的时点不宜为经济运行的峰值点和谷值点；二是基期的选择应考虑到指数指标的数据取值范围。

作为价格指数衡量的基准时期，应该是苹果市场相对稳定的标准时期，既要反映苹果价格水平的常态，又要考虑价格信息资料的可获得性和可比性。

从数据源的交易活跃性情况来看，价格指数的基期选择为 2015 年 10 月 15 日，基点设为 1 000.00 点。

2. 指数计算公式

（1）单品价格指数计算方法

运城苹果单品价格指数是对运城苹果单品价格走势的一种指数量化形式。假设运城苹果单品价格指数用 $I_{i,t}$ 表示，则

$$I_{i,t} = \frac{P_{i,t}}{P_{i,0}} \times I_{i,0} = \frac{\dfrac{\sum\limits_{j=1}^{M_{i,t}} P_{i,j,t} \times q_{i,j,t}}{\sum\limits_{j=1}^{M_{i,t}} q_{i,j,t}}}{\dfrac{\sum\limits_{j=1}^{M_{i,0}} P_{i,j,0} \times q_{i,j,0}}{\sum\limits_{j=1}^{M_{i,0}} q_{i,j,0}}} \times I_{i,0} \qquad (20-3)$$

$$I_{i,0} = 1\,000$$

式中，苹果单品用 A_i 表示，$i \in [1, N]$；单品 A_i 在某一考察期 t 内的价格监测点数用 $M_{i,t}$ 表示，$j \in [1, M_{i,t}]$；监测价格用 P 表示；苹果单品 A_i 在 t 时期第 j 监测点的权重用 $q_{i,j,t}$ 表示。

（2）综合价格指数计算方法

综合价格指数是对运城苹果价格的总体走势的一种指数量化形式。假设综合价格指数用 I 表示，则

$$I(t) = \sum I_{i,t} \times w_i \qquad (20-4)$$

$$I_{i,t} = \frac{P_{i,t}}{P_{i,0}} \times I_{i,0} = \frac{\dfrac{\sum\limits_{j=1}^{M_{i,t}} P_{i,j,t} \times q_{i,j,t}}{\sum\limits_{j=1}^{M_{i,t}} q_{i,j,t}}}{\dfrac{\sum\limits_{j=1}^{M_{i,0}} P_{i,j,0} \times q_{i,j,0}}{\sum\limits_{j=1}^{M_{i,0}} q_{i,j,0}}} \times I_{i,0} \qquad (20-5)$$

$$I_{i,0} = 1\ 000$$

式中，w_i 为样本苹果单品 A_i 在苹果综合指数模型中所占的权重数。

3. 指数修正

新华—中国（运城）苹果价格指数采用除数修正法修正。当指数样本或者权重发生变化时，采用除数修正法修正原固定除数，以保证指数的连续性。

修正公式为：设 t 时刻对指数进行调整（使用新的权重或调入新的样本），按照旧样本和权重得到的指数为 C_t，而按照新权重和样本计算得到的指数为 C_t'，那么，修正因子：$\alpha = C_t'/C_t$，修正后的指数：$C_t = C_t'/\alpha$。

4. 指数计算

苹果价格指数以"点"为单位，精确到小数点后 2 位。其中，苹果单品价格指数为日度指数，日度计算和更新、周度发布。具体做法是在每一考察期内，用集合采集的方式进行价格采集。其中各样本的计算价位（X）根据以下原则确定：

若当期没有即时价格，则 $X_t = X_{t-1}$；

若当期有即时价格，则 $X_t = $ 即时价格。

三、权重因子计算

综合考虑运城苹果市场的特点，选择不同规格品种的交易量以及单一品种在不同区域的交易量作为权重的基础指标，较好地反映供需变化对价格的影响。

单品价格指数的权重确定步骤：首先通过专家打分，获取各规格苹果在不同市场间交易量占比的专家打分分值；然后，汇总多位专家的交易量打分的分值，综合计算出各规格苹果在不同市场间交易量占比的情况，从而获得单品价格指数计算的权重。

综合价格指数的权重确定步骤：首先通过专家打分，获取各规格苹果在运城地区交易量占比的专家打分分值；然后，汇总多位专家的交易量打分的分值，综合计算出各规格苹果的交易量占比情况，从而获得综合价格指数计算时的权重。

第五节 指数运行成效

一、指数运行走势

指数完整监测了运城市富士苹果市场中主要代表规格品的价格波动情况，准确反映了每年主要产销季内整体行情的发展态势，引导果农果商以量化形式感知市场，掌握价格变化的周期性规律，辅助解决"怎么种、何时卖、卖多少"的买卖难题，减少"果贱伤农"、盲目惜售积压等现象，充分发挥了市场"风向标""晴雨表"的指示作用。

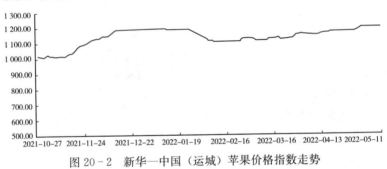

图 20-2　新华—中国（运城）苹果价格指数走势

2021—2022 年度运城富士苹果产销季内（即 2021 年 10 月至 2022 年 5 月），受不良天气影响，当季果品优果率、商品率有所降低，市场对后市供给的担忧情绪加重。2022 年 3 月以来多地疫情反复，部分地区鲜食水果的家庭储备需求阶段性提高，叠加物流局部不畅、运输成本提高，输入性通胀压力加大。多因素影响下，运城富士苹果整体行情底部抬高，绝对水平偏高，优质优价现象突出，高品质纸袋苹果价格坚挺，整体呈现出高位波动运行的特点。

数据显示，2022 年 4 月，运城膜袋富士苹果月均价为 2.34 元/千克，较上年同期上涨 0.74 元/千克；纸加膜富士苹果月均价约为 4.42 元/千克，较上年同期上涨 2.06 元/千克。

二、指数助力产业有序发展

指数波动，是产业供需关系博弈和产销全链条各环节互动的结果。通过客观描述和分析指数走势，同时对全国苹果产地市场、销地批发市场及物流运输等环节运行的监测和解读，有效提高市场信息透明度，辅助政府部门、果农果商全面了解市场动态，及时做出合适的监管及交易决策，助力运城苹果市场健康有序发展。

《新华—中国（运城）苹果价格指数年度运行报告（2019—2020 年度)》认为，供需格局宽松，叠加重大突发疫情影响，我国苹果期现货市场均出现阶段性颓势。在此影响，2020 年 2 月中旬起，运城市政府及果业发展中心等相关部门统筹疫情防控和生产销售活动，疏通物流堵点卡点，推动运城苹果产地市场逐步顺利复市，产季后期运城库存主力纸加膜苹果价格稳中有涨，实现平稳收官。

《新华—中国（运城）苹果价格指数年度运行报告（2020—2021 年度)》监测发现，我国苹果供需宽松格局延续，后疫情时代消费面略显疲软，期现货市场承压前行，指数总体先扬后抑。为最大程度减轻果农销售压力、保障颗粒归仓，运城市相关部门举办多场展示推介会，为果农果商提供更多交易洽谈机会，全力打造"运城苹果"区域公用品牌、破解苹果销售难题。

三、指数提升区域品牌影响力

作为新型传播工具，指数具有传播成本低、内容价值高、可读性强的天然优势。自发布以来，新华—中国（运城）苹果价格指数先后上线国家级金融信息平台新华财经、运城市政府官网，在国家发展和改革委价格监测中心官网同步展示；指数结果受到中国果品流通协会等相关单位关注，分析解读报告持续被国内主流门户网站转载，有效提升了"运城苹果"的品牌知名度和影响力，丰富了运城果业的数字化发展内涵，充分凸显了运城果业在全国农业产业数字化发展中的标杆效应。

参 考 文 献

杜金富，2014. 价格指数理论与实务［M］. 北京：中国金融出版社.

高艳云，2008. 价格指数的理论与方法［M］. 北京：中国财政经济出版社.

金勇进，韩显男，2019. 中国农产品价格指数编制理论研究与展望［J］. 统计与信息论坛，2019，34（3）：3-8.

李素芳，2015. 生活必需品领域价格指数研究与应用［M］. 北京：中国市场出版社.

武婕，徐磊，等，2022. 中国农产品价格指数的研发、应用及前景［J］. 农业展望，18（1）：10-14.

习近平，2022. 习近平谈治国理政：第四卷［M］. 北京：外文出版社.

CME，1986. CME to Change Cattle Settlement［J］. Journal of Commerce Special，September.

Poitras G，2002. Risk management，speculation，and derivative securities［M］. Pittsburgh：Academic Press，pp. 86.

USDA，1992. Federal Register［R］. USDA，March，57（42）.

附　　录

重要商品和服务价格指数行为管理办法（试行）

（2021年6月11日国家发展和改革委员会第17次
委务会讨论通过，自2021年8月1日起施行）

第一章　总　　则

第一条　为了规范重要商品和服务价格指数（以下称"价格指数"）行为，促进价格指数市场健康有序发展，充分发挥价格指数信号作用，服务市场价格合理形成，根据《中华人民共和国价格法》及有关法律法规，制定本办法。

第二条　本办法适用于在中华人民共和国境内与价格指数相关的各种行为，包括价格指数的编制、发布、运行维护、评估、转让和终止等。

本办法所称重要商品和服务，是指与国民经济发展和人民生活关系密切的商品和服务。

本办法所称价格指数，包括某种（类）商品或服务在两个不同时期价格变动的相对数，以及某种（类）商品或服务在某一特定时期内的绝对价格水平。

政府部门编制的价格指数及基于在中央对手方交易的金融产品价格编制的价格指数不适用本办法。

第三条　价格指数行为应当遵守法律法规，遵循独立、公开、透明原则，不得损害国家利益和社会公共利益。

第四条　国务院价格主管部门会同相关部门负责全国价格指数行为的规范管理，县级以上地方各级人民政府价格主管部门会同相关部门负责本行政区域内价格指数行为的规范管理。

价格指数行为规范管理应当坚持规范行为和优化服务的原则。

第五条 价格主管部门、相关部门及其工作人员，依法对价格指数行为主体按照本办法提交的材料负有保守商业秘密的义务。

本办法所称价格指数行为主体，是指编制发布价格指数的企业、事业单位、社会团体以及其他组织。

第二章　价格指数的行为主体

第六条 在中华人民共和国境内依法设立的企业、事业单位、社会团体以及其他组织可以编制发布价格指数。

第七条 价格指数行为主体应当具备以下条件：

（一）独立于价格指数所反映的商品或服务市场的直接利益相关方，并对外公开声明接受监督；

（二）合法稳定的价格信息来源；

（三）必备的组织架构、专业人员和设施；

（四）完备的价格信息采集、指数计算发布和勘误、内部控制等行为流程；

（五）健全的客观中立保障制度；

（六）规范的价格指数投诉受理和处理机制；

（七）价格主管部门规定的其他条件。

本办法所称价格信息包括：在价格信息采集点发生的已完成交易的成交价格、成交量、产品规格、交付日期及交付地等，未成交的买卖报价、拟交易量、拟交易产品规格、拟交付日期及拟交付地等，以及其他市场信息。

本办法所称内部控制流程是指为保证价格指数完整性和可靠性而制定的机制和程序，包括价格信息采集人员、指数计算人员和销售人员的隔离措施和监督机制，价格指数审核评估程序、授权发布程序，以及内部控制流程的定期审查和更新机制等。

第三章　价格指数的编制方案

第八条　价格指数行为主体应当制定价格指数编制方案，并归档。

第九条　价格指数编制方案应当包括以下内容：

（一）价格指数的名称；

（二）价格指数的编制背景和目的；

（三）价格指数所反映的市场基本情况；

（四）价格信息采集点、代表规格品、计算价格指数使用的数据形式及优先级、权重确定方式、价格指数计算公式等；

（五）价格指数发布方式和频率；

（六）相对价格指数的基期基点；

（七）保证价格指数完整性和可靠性的措施。

本办法所称数据形式包括已完成的交易价格、未成交的买卖报价和其他市场信息。

第十条　价格指数的命名应当符合价格指数所反映市场的状况。

冠以"中国""国家""全国""中华"等字样的价格指数，应当在价格指数编制方案中充分证明，信息采集点覆盖的相应商品或服务市场交易规模在全国市场中的占比，以及该覆盖面能够准确有效地反映全国市场价格情况；冠以区域性名称的，应当在价格指数编制方案中充分证明，信息采集点覆盖的相应商品或服务市场交易规模在该区域市场中的占比，以及该覆盖面能够准确有效地反映该区域市场价格情况。

禁止使用国家明文规定限制使用的词汇。

不得与政府部门编制的价格指数中英文名称重复。

第十一条　价格指数编制方案中保证价格指数完整性和可靠性措施包括：

（一）价格信息采集点的选择标准；

（二）满足价格指数编制需要的价格信息的选择标准；

（三）保证价格信息真实性的措施；

（四）处理离群值或可疑交易的标准；

（五）在价格指数编制过程中使用主观判断的条件及优先级；

（六）少数价格信息采集点在价格信息来源中占较大比例情况时的处理措施；

（七）编制方案的调整条件，以及编制方案调整情况对价格指数使用方的通知和反馈应对方式；

（八）鼓励价格信息采集点提交所有满足价格指数编制方案要求的价格信息的措施。

编制价格指数时，应当尽量使用已完成的交易价格，市场交易活跃度低或无实际成交情况下，可以使用合理的询盘、报盘和其他实际市场信息。

本办法所称价格信息真实性是指采集点提交的必须为已经被执行或者将要被执行的价格信息，并且产生价格信息的交易来自于非关联方之间。

本办法所称主观判断是指价格指数行为主体在计算价格指数时使用的自由裁量，包括从先前的或者相关交易中推断价格，根据可能影响数据质量的因素来调整价格，或者给予买卖报价高于已完成交易价格的权重等。

第四章　价格指数的发布

第十二条　价格指数行为主体可以自主决定价格指数的发布渠道。

价格指数对外发布前应当试运行不少于 6 个月。

第十三条　价格指数行为主体应当在指数发布渠道显著位置披露价格指数的相关信息，包括以下内容：

（一）价格指数行为主体的基本情况及变动情况，接受委托开展价格指数编制、发布、运行维护的，还应包括委托方基本情况及变动情况；

（二）价格指数编制方案及调整情况；

（三）价格指数最新值的简要计算基础和过程，包括提交价格信息采集点的数量、样本量，成交量、价格的范围和平均值，在计算价格指数时使用的每种数据形式的百分比，以及主观判断的使用情况等；

（四）利益相关方的投诉受理渠道和处理机制；

（五）利益相关方的投诉及价格指数行为主体的调查和反馈；

（六）价格指数自我评估结果；

（七）价格主管部门规定的其他信息。

上述第一、第二项中的变动调整情况和第三项内容应当在发布价格指数的同时在同一渠道披露。

第五章　价格指数的运行维护

第十四条　价格指数行为主体应当与价格信息采集点建立规范的信息提交制度，包括提交价格信息的人员、提交标准、提交时间和提交方式。提交方式应当满足价格信息可追溯查询需要。

第十五条　价格指数行为主体应当对所有采集的价格信息进行核实。

第十六条　运行维护过程中出现错误，价格指数行为主体应当第一时间纠正并在指数发布渠道显著位置予以披露。

第十七条　价格指数运行维护过程中涉及到的价格信息、工作人员信息、主观判断依据和结果、离群值或可疑交易排除等所有信息都应当归档，并保存不少于 3 年。

第十八条　价格指数行为主体应当设立内部控制部门，建立本办法第七条规定的内部控制流程，对价格指数行为进行合规性审查。

第十九条　价格指数行为主体在运行维护过程中应当保持客观中立，不得有以下行为：

（一）参与价格指数所反映的商品和服务市场的交易；

（二）与相关市场主体进行不当利益交换；

（三）操纵价格指数；

（四）其他可能影响价格指数独立性的行为。

第六章　价格指数的评估

第二十条　价格指数行为主体应当于每年第一季度对上年度价格指数开展自我评估，并在指数发布渠道显著位置对外公布评估结果。

第二十一条　价格指数行为主体对价格指数的自我评估应当包括以下内容：

（一）价格指数行为主体应当具备条件的满足情况；

（二）价格指数编制方案调整和执行情况；

（三）价格指数发布方式和信息披露情况；

（四）价格指数运行维护的规范性和独立性情况；

（五）信息归档情况；

（六）其他需要评估的内容。

第二十二条　价格指数行为主体可以委托专业机构对价格指数开展第三方评估。

专业机构开展第三方评估时，应当按照本办法的相关规定进行。

第二十三条　价格主管部门可以根据工作需要，会同相关部门或委托独立专业机构对价格指数行为开展评估和合规性审查。价格指数行为主体应当积极配合并接受指导。

评估和合规性审查中发现不合规行为的，价格指数行为主体应当按照价格主管部门的意见进行整改，并提交整改报告。

第七章　价格指数的转让和终止

第二十四条　价格指数转让时，转让方应当与受让方签订价格指数转让协议，并移交所有归档信息档案。

价格指数在整改期间不得转让。

受让方应当满足本办法第六条、第七条规定。

第二十五条　价格指数行为主体可以视情况终止价格指数，但应当履行以下责任：

（一）至少提前 30 个工作日在指数发布渠道显著位置对外发布终止公告；

（二）在终止之日前继续运行维护和发布价格指数；

（三）归档信息保存至本办法规定期限；

（四）价格主管部门规定的其他事项。

第八章　法律责任

第二十六条　价格指数行为主体或有关责任人有以下行为之一的，价格主管部门可以视情况予以约谈、公开曝光、限期整改、列入失信企业（自然人）名单并纳入全国信用信息共享平台；构成违法的，由相关部门依法追究法律责任：

（一）损害国家利益或社会公共利益的；

（二）编造发布虚假价格指数的；

（三）操纵价格指数的；

（四）利用价格指数组织相关经营者达成价格垄断协议的；

（五）未按照本办法规定进行信息披露的；

（六）未按照本办法规定归档的；

（七）伪造、编造归档文件、评估报告的；

（八）不配合价格主管部门评估和合规性审查的；

（九）违反本办法规定的其他行为。

第二十七条　价格主管部门工作人员在对价格指数开展评估和合规性审查中，存在违法违规行为的，责令限期改正，并依法追究责任。

第九章　附　　则

第二十八条　本办法由国务院价格主管部门负责解释。

第二十九条　本办法自 2021 年 8 月 1 日起施行，有效期 3 年。

国家发展改革委

2021 年 6 月 17 日

图书在版编目（CIP）数据

农产品价格指数理论和实践 / 农业农村部信息中心编著 . —北京：中国农业出版社，2023.4
ISBN 978-7-109-30569-4

Ⅰ.①农… Ⅱ.①农… Ⅲ.①农产品价格－指数－研究 Ⅳ.①F304.2

中国国家版本馆 CIP 数据核字（2023）第 056021 号

农产品价格指数理论和实践

NONGCHANPIN JIAGE ZHISHU LILUN HE SHIJIAN

中国农业出版社出版

地址：北京市朝阳区麦子店街 18 号楼
邮编：100125
责任编辑：孙鸣凤
版式设计：王　晨　　责任校对：刘丽香
印刷：中农印务有限公司
版次：2023 年 4 月第 1 版
印次：2023 年 4 月北京第 1 次印刷
发行：新华书店北京发行所
开本：880mm×1230mm　1/32
印张：7.25
字数：210 千字
定价：78.00 元

版权所有·侵权必究

凡购买本社图书，如有印装质量问题，我社负责调换。

服务电话：010－59195115　010－59194918